ADAC Reiseführer

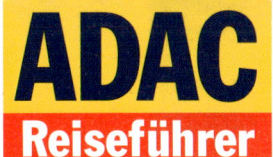

Algarve

Albufeira Carvoeiro Lagos Sagres

von Gabriel Calvo Lopez-Guerrero
und Sabine Tzschaschel

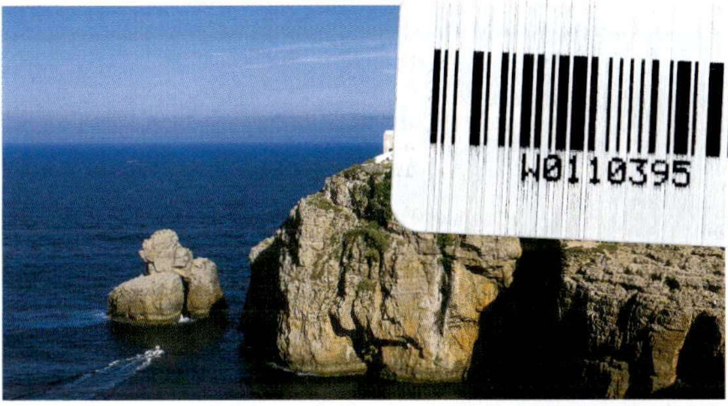

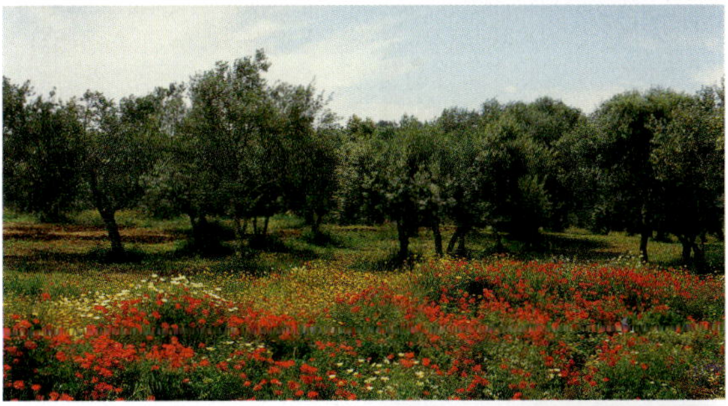

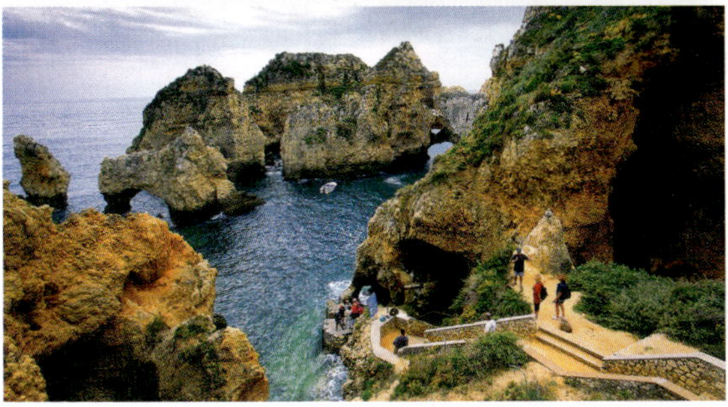

☐ Intro

☐ Service

Leserforum

Die Meinung unserer Leserinnen und Leser ist wichtig, daher freuen wir uns von Ihnen zu hören. Wenn Ihnen dieser Reiseführer gefällt, wenn Sie Hinweise zu den Inhalten haben – Ergänzungs- und Verbesserungsvorschläge, Tipps und Korrekturen – dann kontaktieren Sie uns bitte:

Redaktion ADAC Reiseführer
ADAC Verlag GmbH
Am Westpark 8, 81365 München
Tel. 089/76 76 41 59
reisefuehrer@adac.de
www.adac.de/reisefuehrer

Algarve Impressionen

Mediterranes Flair am Atlantik

Wo Himmel und Meer sich treffen, Land und Horizont in blassen Nebeln verschmelzen, wo weißer Sand, goldfarbene Felsen und schäumende Gischt in blaues Meer übergehen – dort liegt im Süden Portugals, weit entfernt von den großen Städten, die sonnenverwöhnte Algarve.

Eine ganz eigene Faszination geht von diesem ›Ende Europas‹ aus, die die Menschen schon vor 500 Jahren spürten. Damals begannen die portugiesischen Seefahrer ihre **Entdeckungen** und **Eroberungen** unbekannter Kontinente in den Häfen von Lagos, Alvor und Portimão. Davor, vom 8. bis zum 13. Jh., herrschten die Mauren über einen Großteil der Iberischen Halbinsel. Ihnen verdanken Städte wie Silves oder Tavira Aufstieg und Blüte.

Den westlichen Teil ihrer iberischen Besitzungen nannten die Mauren schlicht **Al-Gharb**, der Westen. Als Algarve blieb die Bezeichnung erhalten und ist grammatikalisch im Portugiesischen wie im Arabischen männlich. Im Deutschen freilich hat sich der Sprachgebrauch die Algarve gegenüber dem ebenfalls korrekten der Algarve durchgesetzt.

Jeder findet seinen Strand

Über 100 Strände gibt es offiziell an der Algarve. Dazu kommen die ungezählten kleinen Buchten, die nur vom Wasser aus zu erreichen sind. Familien mit kleinen Kindern sind von den flachen Stränden der **Sandalgarve** im Bereich östlich von Albufeira begeistert. Westlich beginnt die

Oben: *Der Bug eines Fischerbootes verrät in Wort und Schrift die Hoffnung auf glückliche Heimkehr, ›Denn ich warte auf dich‹*
Rechts: *Feiner Sand, türkisblaues Wasser und viele Gäste an der Praia de Dona Ana*
Rechts oben: *Rote Burg und weiße Kirche beherrschen Silves am Rio Arade*

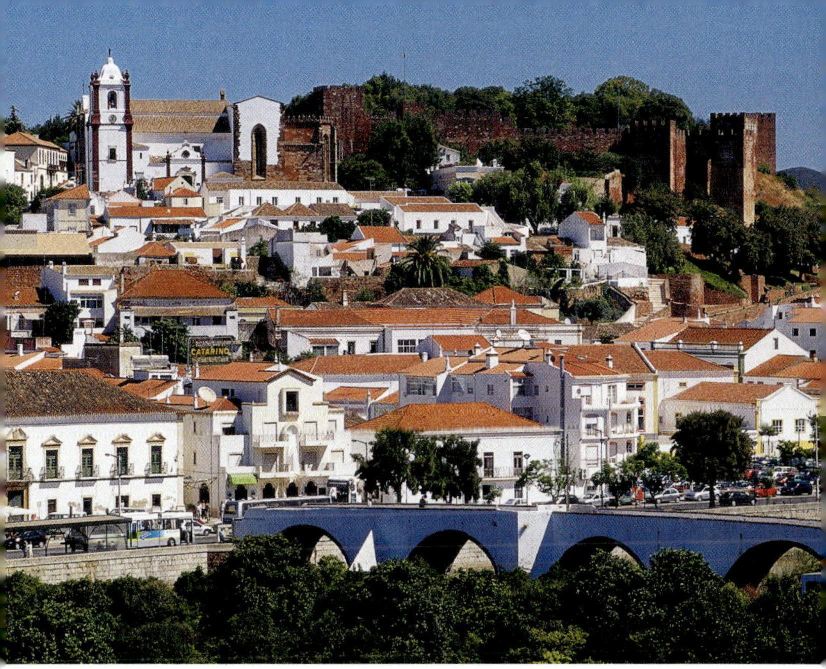
CATARINO

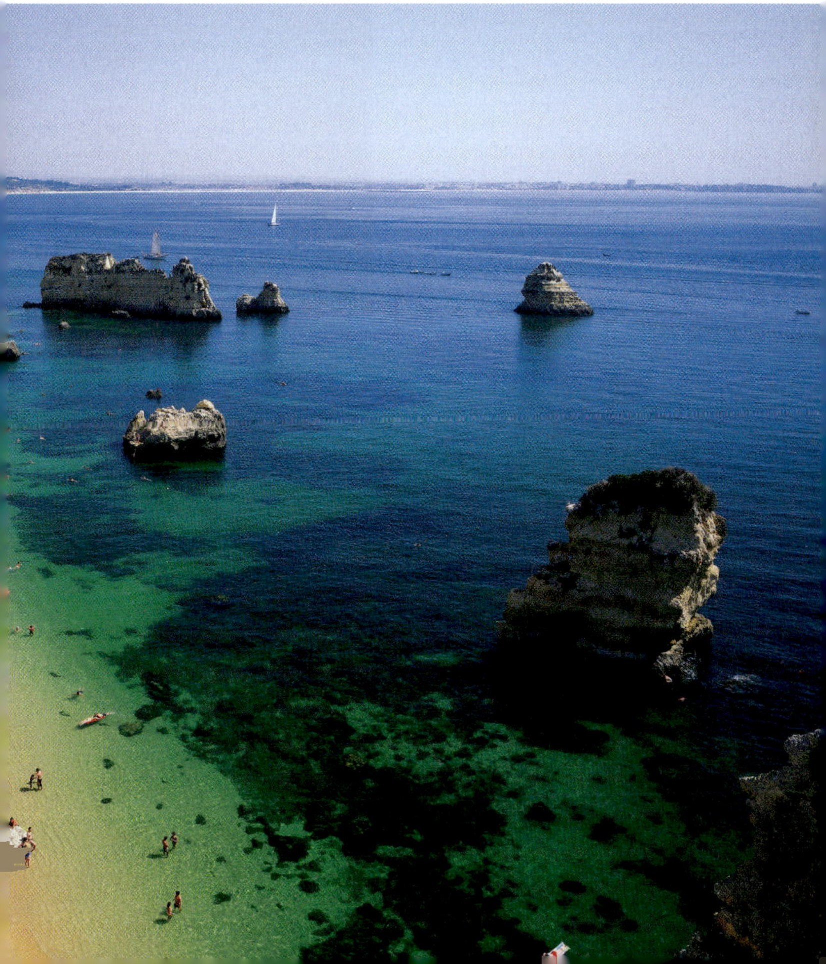

und reizvoller. Abenteurer, Sportfischer und Urlauber, die eine ungestüme Meereskulisse dem bequemen Strandleben weiter östlich vorziehen, sind hier am richtigen Ort.

Internationales Flair

Bevor man die Algarve dank Charterflügen auch aus den kalten regnerischen Breiten Mitteleuropas in wenigen Stunden erreichen konnte, war der Süden Portugals ein verträumter Landstrich mit kleinbäuerlichen Anwesen, an dessen einsamen Stränden nur hochgezogene **Fischerboote** lagen.

Die bunt bemalten Boote sind noch da, doch mittlerweile ruhen sie dicht neben teils mondänen **Badestränden**, an denen sich nordeuropäische Schönheiten bräunen und Scharen von Kindern

Felsalgarve mit ihren steilen Abstiegen und malerischen Szenerien. Hier finden Individualisten stille Fleckchen zum Träumen. In mancher Felsenbucht liegt tagelang eine Hochseejacht vor Anker, deren Besatzung die unvergleichliche Naturkulisse genießt. An der Südwest- und Westküste, der **Costa Vicentina**, werden Meer und Witterung rau, die Küste steinig und felsig, die Sandstrände dafür umso feiner

Oben: *Warten auf den Tintenfischfang: Fischer und Tongefäße im Hafen von Tavira*
Mitte: *Abends im Jachthafen von Vilamoura*
Unten: *Maurische Elemente bereichern eine der vielen Ferienanlagen bei Albufeira*
Rechts oben: *Herb-schöne Praia do Amado bei Carrapateira an Portugals Westküste*
Rechts: *Golfen auf Algarves Klippen*

anbeter, Strandläufer, Wassersportler und Golfer an der Algarve ihr Dorado.

Neben den gepflegten Stränden warten zahlreiche **Sporthäfen** auf Freunde des Segel- und Motorsports. Kite-, Wind-, Wellen- und Bodysurfer finden am Barlavento ideale Buchten und schätzen die rollenden Wellen der *Costa Vicentina*. Für **Golfer** ist die Algarve mit ihren günstigen Witterungsverhältnissen und über 20 fantasievoll gestalteten Plätzen ohne Zweifel die Nummer eins in Europa.

In den langen, warmen Sommernächten treffen sich die Urlauber aus den Ferienanlagen und Hotels, den Ferienwohnungen und Landvillen in den Restaurants und Hafenkneipen, den Diskos und Beach-Bars. Das rege **Nachtleben** findet auf Deutsch, Englisch, Spanisch oder Holländisch statt – und mitunter hört man sogar ein portugiesisches Wort.

Immerwährender Frühling

An der Algarve ist fast das ganze Jahr über Saison. Bis weit in den November hinein und bereits wieder ab Februar wärmt die Sonne so, dass man herrliche Strandspaziergänge und Wanderungen entlang der Steilküsten oder an den Südhängen der einladend grünen *Serra de Monchique* unternehmen kann. Im Winter schützen die Berge vor rauen West- und Nordwinden, der Sommer wird dank der erfrischenden Brisen vom Atlantik her nie zu heiß.

Voller Überraschungen erfreut die Algarve zu jeder Jahreszeit mit wechselnden Blüten und Früchten, präsentiert sich das Meer in jeweils anderen Farben.

Sandburgen bauen. Der Fang der Fischer reicht kaum mehr aus, die zahllosen **Lokale** in jedem Hafenort zu beliefern, in denen dampfende Fischpfannen, Reiseintöpfe mit Meeresfrüchten, Muschelgerichte und frisch filetierter Fisch an adrett herausgeputzten Tischen serviert werden.

Am Flughafen von Faro kommen jährlich 2,5 Mio. Ausländer an. Von dort aus reisen sie an die Lee- und die Luvseite der Algarve weiter, den **Sotavento** östlich des Cabo Santa Maria und den **Barlavento** im Westen. Ob flachsandig, wildromantisch mit Felskulisse, stürmisch oder lieblich, für jeden Geschmack gib es das ideale Ferienziel. Die abwechslungsreiche Küstenlandschaft und das stille Hinterland bieten auch Freunden des kontemplativen Landurlaubs viele reizvolle Ziele. Vor allem aber finden Sonnen-

was sie an anderen Stellen wieder anschwemmt. Höhlen und Grotten der Felsalgarve bilden eine faszinierende Kulisse, die nicht nur für Taucher und Schnorchler aufregende Entdeckungen birgt. Wo das ausgewaschene sandige Material wieder abgelagert wird, entstehen andererseits ausgedehnte Dünen, Sandbänke und Lagunen.

Im **Schwemmland** der breiten Flussmündungen der Sandalgarve befinden sich große Brutgebiete von Wasservögeln, etwa in der **Ria Formosa**. Flamingos sind hier zu Hause, Reiher, Schnepfen und viele andere, teils sogar endemische Arten. Zusätzlich lassen sich im Herbst und Frühling Hunderttausende von Zugvögeln in den nahrungsreichen Feuchtgebieten nieder, um Kraft für die anstehende Meerüberquerung bzw. den Weg nach Norden zu sammeln.

Schon Ende Januar blühen die Mandelbäume, es folgen Mimosen und Kirschen, bis hin zu den herrlichen tiefroten Blüten des Granatapfels im Mai bis September. Selbst im November blüht es, Hibiskus und Bougainvilleen leuchten in den Gärten, die zarten weißen Glöckchen und roten Früchte des Erdbeerbaums tüpfeln die **Bergwälder** der Serras. Im Dezember schließlich strahlen allenthalben die purpurfarbenen Scheinblüten der Weihnachtssterne.

Vielfältige Naturerlebnisse

Das ewige Spiel von Ebbe und Flut schafft an der Algarve eine immer neue Küstenlandschaft. Dabei nimmt die stete Kraft des Meeres auf der einen Seite das,

Kultur und Tradition

Die Algarve hatte es nicht leicht, ihre Baudenkmäler gegen immer wiederkehrende Erdbeben, zahllose Belagerungen und Piratenüberfälle zu verteidigen. Es scheint, als seien nur **Burgen** und Fes-

Oben: *Eselkarren vor der Igreja Matriz in São Bartolomeu de Messines*
Unten: *Kirchenschmuck in Portugal: prächtige Talha-Dourada-Arbeiten, hier in der Igreja de Santo António in Lagos*
Rechts oben: *Vollendete Fliesenkunst ziert die Freitreppe im Palastgarten von Estói*
Rechts: *Tradition in der Moderne: kunsthandwerkliche Gestaltung von Azulejos*

tungen für die Ewigkeit gemacht, die trutzigen Zeugen unruhiger Zeiten in Silves, Aljezur und Castro Marim, in Loulé, Cacela Velha, Faro oder Lagos. Jedoch sind in den Städten auch einige der alten **Kirchen** erhalten. Ihre vergoldeten holzgeschnitzten Rokokoaltäre aus dem 18. und 19. Jh., **Talhas Douradas** genannt, und die im 16. Jh. entstandenen verspielten Portale, im manuelinischen Stil mit aus Stein gehauenen Knoten, Tauwerk und exotischen Blüten verziert, zeugen vom Reichtum des Klerus und der Stifter. Manch ein Gotteshaus oder eine Seitenkapelle ist mit blau-weißen, oft szenisch bemalten Fliesen verkleidet. Diese **Azulejos** sind eine Besonderheit der portugiesischen Architektur, eine kunstvolle Schutzschicht gegen die Feuchtigkeit und das Salz der Meerluft. Ein Meisterwerk dieser Art ist die vollständig gefliese **Igreja de São Lourenço dos Matos** von Almancil.

Wandel durch Tourismus

Der Tourismus hat die Algarve sehr verändert. Oft sind die alten Ortskerne zwischen modernen Feriensiedlungen und Hochhäusern kaum mehr zu finden. Doch zugleich bedeuten diese Veränderungen Arbeit und Auskommen für rund 400 000 Portugiesen. Beherbergungs- und Gaststättengewerbe sowie Lebensmittelproduktion und Bauindustrie profitieren vom Tourismus. Die Stadtzentren wurden saniert, und auch die Außenbezirke der Orte blühen immer mehr auf. Im 21. Jh. ist der Tourismus trotz aller ökonomischen Turbulenzen noch immer der bedeutendste Wirtschaftsfaktor

Der Reiseführer

Dieser Band stellt die **Algarve** mit ihren Feriengebieten, den Stränden, Naturschönheiten und Sehenswürdigkeiten in sechs als Routen ausgearbeiteten Kapiteln vor. Detaillierte **Übersichtskarten** und **Stadtpläne** erleichtern die Orientierung. Besondere Empfehlungen zu Hotels, Restaurants, Sehenswürdigkeiten, Festen usw. bieten die **Top Tipps**. Den Besichtigungspunkten sind **Praktische Hinweise** mit Adressen von Tourismusbüros, Hotels und Restaurants angefügt. **Algarve aktuell A bis Z** bietet alphabetisch geordnet Nützliches von Informationen vor Reiseantritt über Essen und Trinken bis zu Verkehrsmitteln. Hinzu kommt ein praktischer **Sprachführer**. Ein Kaleidoskop interessanter **Kurzessays** zu Spezialthemen an den entsprechenden Stellen im Text rundet den Reiseführer ab.

Geschichte, Kunst, Kultur im Überblick

Land der Mauren und Kreuzritter, Seefahrer und Entdecker

Vor- und Frühgeschichte

5000–2500 v. Chr. Steinzeitliche Kulturen hinterlassen Kultstätten, Menhire und Dolmen, z. B. in Alcalar nördlich von Portimão, in der Rocha da Pena oder um Martinlongo.

um 800 v. Chr. Phönizische und griechische Kauffahrer gelangen bis Lissabon. Sie legen an der Algarveküste Handelsstützpunkte an, u. a. das heutige Castro Marim und Portimão. Dort machen sie die keltiberische Urbevölkerung mit dem Anbau von Weinreben und Ölbäumen vertraut.

535 v. Chr. Karthager erringen die Vorherrschaft im Mittelmeer und übernehmen bisher phönizische Handelsstützpunkte. An der Algarve gründen sie Faro, Lagos und Cartaia (Quarteira). Sie suchen am Rio Guadiana aufwärts nach Kupfer und gelangen bis ins Untere Alentejo.

Römische Provinz

ab 201 v. Chr. Nach dem 2. Punischen Krieg übernehmen die Römer die Stützpunkte der Karthager und beginnen mit der Kolonisierung der Iberischen Halbinsel.

139 v. Chr. Trotz zähen Widerstandes der Lusitanier unter ihrem Anführer Viriato wird Portugal ins Römische Reich integriert. Der Süden gehört zur Provinz Bética. Aus dieser Zeit sind Reste römischer Villen, u. a. in Milreu (Estói) und in Vilamoura, erhalten.

60 v. Chr. An der Küste gründen die Römer Balsa (Tavira) und Baltum (Albufeira), die Siedlung Ossonoba (Faro) wird zur Stadt ausgebaut. Ein ausgedehntes Wegenetz mit wichtigen Brücken entsteht für den Transport von Bodenschätzen aus dem Landesinneren zu den Häfen.

586 Als ›Erben‹ des zerfallenden Römischen Reiches christianisieren die Westgoten die Iberische Halbinsel vollständig und ersetzen die römischen Verwaltungseinheiten durch kirchliche.

Maurenherrschaft

711 Berber und Araber setzen vom nordafrikanischen Gibraltar aus über und stoßen auf ihrem Islamisierungs-feldzug bis zu den Pyrenäen vor. Während die Christen kurz darauf den Norden Portugals zurückerobern, werden die Mauren im Süden sesshaft.

8.–11. Jh. Der Kalif des islamischen Reiches auf der Iberischen Halbinsel errichtet in Córdoba seine prachtvolle Residenz. Die Mauren bauen die Städte aus, etablieren ausgeklügelte Bewässerungssysteme sowie Baumwoll-, Zuckerrohr- und Reisanbau. Mit ihnen kommt auch eine hohe Kultur hinsichtlich Musik, Schrift und Baukunst.

11. Jh. Nach dem Zerfall des Kalifats von Córdoba entsteht das eigenständige Fürstentum (Taifa) Al-Gharb, ›der Westen‹. Haupstadt ist Xelb (Silves), das damaligen Reiseberichten zufolge etwa 30 000 Einwohner hat. Vorübergehend wird auch Faro ein Taifa.

Reconquista

1095 Afonso VI., König des christlichen Königreiches Kastilien und León, verheiratet seine Tochter Teresa mit Graf Henrique von Burgund als Dank für dessen Dienste

Römische Seeleute lassen sich auch von einem Sturm nicht so schnell unterkriegen

Mit allen Wassern gewaschen: Vasco da Gama segelt 1498 erstmals nach Indien

bei der Eroberung des maurischen Toledo. Das Paar erhält die von Galicien abhängige Grafschaft Portucale zum Lehen.

1143 Ihr Sohn Afonso Henrique erklärt sich nach seinem Sieg über die Mauren bei Ourique (1139) zum päpstlichen Vasallen und gleichzeitig zum von Kastilien und León unabhängigen König Afonso I. von Portugal.

1189 Der portugiesische König Sancho I. beginnt mit der Hilfe von Kreuzrittern die Eroberung der Algarve. In den folgenden Jahrzehnten wechselt das Kriegsglück zwischen Christen und Muslimen.

1241–50 Während der Regierungszeit von Afonso III. erobert der Santiagoritterorden unter Großmeister Paio Peres Correia in mehreren Kreuzzügen die Algarve endgültig. Auf den Resten der Moscheen von Faro und Silves werden gotische Kathedralen errichtet.

1267 In Badajoz wird ein Ausgleich zwischen Kastilien und Portugal erreicht, der auch die Grenze zwischen den beiden Königreichen festlegt. Die Grenzziehung hat sich seitdem kaum verändert.

1279–1325 Der als ›Dichterkönig‹ bekannte kunstliebende Dinís verstärkt die Grenzbefestigung gegen Kastilien mit über 50 Burgen, darunter die Anlagen von Alcoutim und Castro Marim. Gleichzeitig fördert er erfolgreich Bergbau, Landwirtschaft, Fischerei und Seehandel.

Das Zeitalter der Entdeckungen

1415 Auf 232 Schiffen stechen 19 000 portugiesische Soldaten von Lagos aus in See, überqueren die Meerenge von Gibraltar und nehmen das marokkanische Ceuta ein.

1419 Prinz Henrique O Navegador (Heinrich der Seefahrer, 1394–1460) wird zum Gouverneur der Algarve ernannt. In Sagres gründet er eine Seefahrerschule, deren Absolventen die Meere erkunden sollen. – Die Insel Madeira wird entdeckt und von Bauern aus der Algarve kolonisiert.

1434 Kapitän Gil Eanes umsegelt erstmals Kap Bojador im heutigen Westsahara. Von der westafrikanischen Küste bringt er u. a. Afrikaner mit nach Portugal, die er in Lagos öffentlich versteigert – der erste europäische Sklavenmarkt der Neuzeit. Eanes' Erfolg regt weitere Entdeckungsfahrten an.

1488 Bartolomeu Días segelt als Erster um das südafrikanische Kap der Guten Hoffnung.

ab 1495 Unter König Manuel I. erlebt Portugal ein goldenes Zeitalter. Seine Kolonien in Afrika und Asien machen es zum reichsten Land der Welt, Künste und Architektur blühen.

1498 Vasco da Gama findet um das Kap der Guten Hoffnung herum einen Seeweg nach Indien.

1519–22 Der Portugiese Fernão de Magalhães (Magellan) sucht im Auftrag der spanischen Krone einen Weg westwärts nach Indien und entdeckt dabei die nach ihm benannte Magellanstraße zwischen dem südamerikanischen Festland und Feuerland. 1521 stirbt Magalhães auf den Philippinen. Seine Besatzung setzt unter dem Spanier Elcano die Reise fort und beendet die erste Weltumsegelung.

1578 König Sebastião I. greift die Araber in Nordafrika an und fällt 24-jährig in der Schlacht von Ksar-el-Kebir in Marokko. Daraufhin übernimmt sein Großonkel Kardinal Henriques als Henrique II. die portugiesische Krone.

Das spanische Interregnum

1580–1640 Da der portugiesische König Henrique II. 1580 ohne direkten Erben stirbt, fällt Portugal aus dynastischen Gründen an die spanischen Habsburger. Während der Regierungszeit von Philipp II. und Philipp III. sind die beiden Königreiche vereint.

1590–96 Francis Drake greift mit englischen Truppen mehrmals die reiche Hafenstadt Lagos von See aus an. Sein Landsmann, der Herzog von Essex, legt 1596 mit 3000 Soldaten Faro in Schutt und Asche.

1640 Der Herzog von Bragança nutzt die Unruhen in Spanien aus, erklärt sich am 1. Dezember zum portugiesischen König João IV. Die darauf folgenden Restaurationskriege zwischen Spanien und Portugal dauern bis 1661. Erst 1668 wird ein Friedensvertrag unterzeichnet.

Das Königshaus von Bragança

1755 Ein Erdbeben mit dem Epizentrum vor der Algarveküste zerstört weite Teile Lissabons und richtet in vielen Orten der Algarve schwere Schäden an. Besonders schlimm trifft es Faro.

1774 Marquês de Pombal, Premierminister von José I. und Organisator des planmäßigen Wiederaufbaus in Lissabon, lässt an der Mündung des Rio Guadiana den Ort Vila Real de Santo António errichten.

1797 In einer Seeschlacht am Cabo de São Vicente besiegen die Engländer unter Horatio Nelson die Spanier. – In Estômbar wird der spätere Miguelistenführer O Remexido geboren.

1800 Bischof Francisco Gomes de Avelar lässt das beim Erdbeben 1755 zerstörte Faro wieder aufbauen und regt in der Algarve ähnliche Bauvorhaben an, leitet strukturverbessernde Maßnahmen

ein, so die Trockenlegung von Sümpfen, den Bau von Straßen und Brücken sowie Stadterweiterungen.

Napoleonische Herrschaft und Exil

1807/08 Zur Jahreswende marschiert Napoleons Heer unter General Junot in Portugal ein. Die portugiesische Königsfamilie flieht mit rund 10 000 Anhängern ins Exil nach Brasilien.

1808 Fischer aus Olhão segeln nach Rio de Janeiro, um König João VI. mitzuteilen, dass sich ihr Heimatort erfolgreich gegen napoleonische Angriffe zur Wehr gesetzt habe und es daher nun ein unabhängiges Königreich Algarve gäbe. João VI. erkennt dies zwar nicht an, verleiht aber der Fischersiedlung Olhão das Stadtrecht.

1811 Die Engländer vertreiben Napoleon aus Portugal.

Bürgerkrieg

1820 In Porto nimmt eine bürgerliche Revolution ihren Anfang, deren Anhänger eine liberale Verfassung anstreben. João VI. kehrt aus dem Exil zurück.

1822 Die bisherige portugiesische Kolonie Brasilien wird unabhängig.

1826 Nach dem Tod von João VI. tritt Thronfolger Pedro IV. für ein liberales Portugal ein, sein jüngerer Bruder Miguel für ein reaktionär-absolutistisches.

1832–34 Als Folge dieses Konflikts kommt es zum Bürgerkrieg in Portugal, auch bekannt als Bruder- oder Miguelistenkrieg.

1833 Die Belagerung der Festung von Albufeira durch den Miguelisten O Remexido endet in einem Großbrand, bei dem 174 Zivilisten ums Leben kommen.

1834 Miguel unterliegt in der entscheidenden Seeschlacht am Cabo de São Vicente und wird verbannt. – Alle Klöster werden verstaatlicht.

Antonio de Oliveira Salazar regiert Portugal als Diktator 36 Jahre lang

Industrialisierung und Republik

1860–90 Während die Hafenstädte Zentralportugals von Industrialisierung und Seehandel profitieren, verarmen der kleinbäuerlich geprägte Norden und der von Großgrundbesitzern beherrschte Süden. Die Häfen der Algarve sind zu klein für die modernen Überseeschiffe und versinken in Bedeutungslosigkeit.

1908 Unruhen zwischen Republikanern und Monarchisten. König Carlos I. wird in Lissabon auf offener Straße ermordet.

1910 Ein Militärputsch zwingt seinen Nachfolger Manuel II. zum Abdanken, am 5. Oktober wird die Republik ausgerufen.

1910–26 Die republikanische Regierung beschließt soziale Reformen und schafft die religiösen Orden ab, erweist sich jedoch als instabil. Nach 44 Regierungswechseln und 15 Militärputschen kommt eine Militärjunta unter Führung General Fragoso Carmonas an die Macht.

Militärdiktatur

1928 Wirtschaftsminister Antonio de Oliveira Salazar versucht den maroden Staatshaushalt zu sanieren.

ab 1932 Salazar wird Premierminister. Er orientiert den Estado Novo am italienischen Faschismus, verbietet die Gewerkschaften und erlässt eine Verfassung, die ihm diktatorische Vollmachten verleiht. Unter Salazar stagniert Portugal als rückständiges Agrarland. Im Laufe der Jahrzehnte wandern rund 2 Mio. Portugiesen nach Übersee aus, weitere 1,5 Mio. gehen als Gastarbeiter nach Westeuropa.

ab 1961 Portugals Kriege gegen die Unabhängigkeitsbewegungen in den afrikanischen Kolonien Angola und Mosambik fordern zahlreiche Opfer.

1968 Marcelo Caetano tritt die Nachfolge Salazars an, der einen Schlaganfall erlitten hat. Das Land öffnet sich wirtschaftlich nach Europa und Amerika, zeigt damit Ansätze einer Liberalisierung. Der Unmut der Portugiesen über die fortgesetzten, kostspieligen Kriege in den afrikanischen Kolonien wächst. Auch wünschen sich viele mehr Demokratie.

Nelkenrevolution und Demokratie

1974 Am 25. April beendet ein unblutiger Militärstreich durch General António Sebastião Ribeiro de Spínola die Diktatur. Die Bevölkerung begrüßt die Soldaten mit Nelken, die den Wunsch nach Frieden und Gewaltlosigkeit symbolisieren sollen. Freie Wahlen bringen eine linksdemokratische Regierung unter Vasco dos Santos Gonçalves an die Macht.

1974/75 Guinea-Bissau, Mosambik, die Kapverden, São Tomé e Príncipe und Angola werden unabhängig. Im Laufe der nächsten Jahre ziehen fast 1 Mio. Menschen aus den ehem. Kolonien nach Portugal. Keine der fünf einander ablösenden Regierungen kann sich lange halten.

1976–85 Auch nach der Verabschiedung einer neuen Verfassung prägen politische Instabilität und Kapitalflucht das Land. Die acht linksgerichteten Regierungen können sich nicht durchsetzen. Konservative Kabinette machen die begonnene Landreform sowie die Verstaatlichung von Banken und Großbetrieben zugunsten einer Liberalisierung rückgängig. Die Algarve heißt internationale Investoren willkommen und entwickelt sich von einer rückständigen Agrarregion zur Feriendestination mit der höchsten Wachstumsrate Europas.

Portugal in Europa

ab 1986 Portugal tritt der EU bei. Das Lohn- und Wohlstandsniveau gehört zu den niedrigsten in Europa, aber es beginnt eine Phase politischer Stabilität und wirtschaftlichen Aufschwungs.

1998 Bei der Weltausstellung in Lissabon präsentiert sich Portugal als modernes, weltoffenes und wirtschaftlich reformiertes Land.

1999 Im Oktober übergibt Portugal seine letzte Überseeprovinz Macau an China.

2002 Nach den vorgezogenen Parlamentswahlen im März wird José Manuel Barroso Ministerpräsident einer konservativen Koalition, gibt den Posten aber schon 2004

wieder ab und übernimmt ab November in Brüssel das Amt des Präsidenten der Europäischen Kommission.

2005 Bei den vorgezogenen Parlamentswahlen im Februar erringen die Sozialisten (PS) die absolute Mehrheit. Neuer Regierungschef wird José Sócrates, acht von 16 Ministern seiner Regierung sind Parteilose. – Die iberische Halbinsel erlebt die schlimmste Trockenheit seit 1945. Wie im Katastrophensommer 2003 verwüsten schwere Brände die Wälder. – Bei den Kommunalwahlen im Oktober wird die Regierung Sócrates für ihre vom hohen Haushaltsdefizit erzwungene Sparpolitik abgestraft und verliert die meisten ihrer Bürgermeisterposten.

2007 Bei den Präsidentschaftswahlen im Januar darf Staatspräsident Jorge Sampaio (PS) nach zwei Amtsperioden nicht mehr antreten. Sein Nachfolger wird der Mitte-Rechts-Kandidat Aníbal Cavaco Silva (PSD).

2009 Bei den Parlamentswahlen im September gewinnen die Sozialisten (PS).

2010 Am 18. Juni stirbt der 87-jährige portugiesische Literaturnobelpreisträger José Saramago.

2011 Portugal, das die Finanzkrise zu strikten Sparmaßnahmen zwingt, beantragt Hilfen der EU und des Internationalen Währungsfonds (IWF) .

Meerverbundenheit beweist Portugal auch anlässlich der Weltausstellung 1998

*Weiße Häuser und bunte Boote –
malerisches Ensemble am
Hafen von Lagos*

Unterwegs

Faro und Umgebung –
Herz der Ferienlandschaft

Die Hafenstadt **Faro** ist das Eingangstor zur Algarve. Der internationale Flughafen liegt im Westen, nur 8 km vom Stadtzentrum entfernt. Hier kommen die meisten der 2,5 Mio. Urlauber an, die jedes Jahr den Süden Portugals aufsuchen. Westlich und südlich reichen die Ausläufer der Lagunenlandschaft **Ria Formosa** bis an die Landebahn. An der Küste bieten die Luxusurbanisationen von **Vale do Lobo** und **Quinta do Lago** mit ihren exklusiven Golfclubs einem zahlungskräftigen Publikum stilvollen Urlaub mit allem, was das Herz begehrt.

Landeinwärts, an den Ausläufern der bis zu 545 m hohen *Serra do Caldeirão* liegt das Bergstädtchen **Estói**. Hier erinnern Ausgrabungen daran, dass schon die Römer die hügelige Gegend als Sommerfrische schätzten. Die fruchtbare Ebene von **São Brás de Alportel** wird als Gemüsegarten der Algarve gerühmt. Seine Früchte kann man etwa in **Loulé** genießen, dessen Gassen sich jeden Samstag mit Marktbesuchern füllen. Weiter im Landesinneren bieten ruhige Dörfer wie **Salir** und **Querença** frische Bergluft, einen herrlichen Blick auf die Küstenebene sowie einladende **Wanderwege** in der Umgebung.

1 Faro

Kosmopolitische Stadt mit sehenswertem, gut erhaltenem Altstadtkern.

Faro ist nicht nur die Hauptstadt der Algarve, sondern mit mehr als 50 000 Einwohnern auch der größte Ort Portugals südlich von Lissabon. Stadt und Hafen orientieren sich zum Atlantik hin, liegen jedoch geschützt hinter einem Gürtel von Sandbänken, die zugleich als Hausstrände dienen. Östlich und westlich von Faro gehen sie in die Lagunen und das Schwemmland der Ria Formosa über.

Das urbane Ambiente des Zentrums und die quirlige Geschäftigkeit des Hafens stehen im Gegensatz zu dem ruhigen Eindruck, den die engen, dicht bebauten Gassen der ummauerten Altstadt mitunter machen. Tatsächlich ist Faro eine lebendige Stadt mit zahlreichen Geschäften, Restaurants, Cafés und Bars, mit sehenswerten Kirchen und historischen Gebäuden. Das gesamte eindrucksvolle Stadtbild bietet der Panoramablick vom Turm der Kathedrale über die Dächer von Faro und bis hinaus aufs Meer.

Geschichte Gegründet als karthagische Handelsniederlassung, wurde die Siedlung *Ossonoba* von den Römern zu einem Hafen mit eigener Münze ausgebaut. Nach der Eroberung durch die Westgoten 418 begann die Christianisierung unter Bischof Vicente. Auch als im Jahr 714 **Araber** die Herrschaft übernahmen, blieb *Santa María de Ossonoba* in weiten Teilen christlich – und blühte auf. Philosophen wie Al-Alam sowie die Dichter Ibn Ammar und Abul Hárune rühmten das kulturelle Leben. Noch heute nennt sich Faro *Capital dos Poetas e da Poesia*, ›Hauptstadt der Dichter und der Poesie‹. Auch der Name Faro geht auf diese Zeit zurück. Er leitet sich vom Namen des arabischen Fürsten Ibn Hároun ab, der die Hafenstadt im 11. Jh. zum Zentrum eines *Taifa*, eines unabhängigen Reichs im maurischen Spanien, machte.

Doch friesische **Kreuzritter** beendeten diese multikulturelle Phase, indem sie 1217 Faro in Schutt und Asche legten und das Umland verwüsteten. Die offizielle Wiedereingliederung ins christliche Portugal erfolgte 1249 unter Afonso III. Er ließ die innere Stadtmauer um die heutige Cidade Velha, die Altstadt, errichten, die noch weitgehend erhalten ist bzw. wiederhergestellt wurde. Faro erblühte neuerlich und wurde 1577 Bischofssitz.

Während der Zeit, als Portugal unter Felipe II. zu Spanien gehörte, griffen die **Engländer** die Atlantikküsten wiederholt an. 1596 wurde Faro von Truppen des Herzogs von Essex geplündert und niedergebrannt. Die Engländer nahmen u. a. die berühmte Bibliothek des Bischofs Osório mit, die heute Teil der *Bodleianischen Bibliothek von Oxford* ist. Schlimme Zerstörungen richteten auch verheerende **Erdbeben** in den Jahren 1722 und 1755 an. Mit großem Einsatz kümmerte sich damals Bischof Francisco Gomes de Avelar (1739–1816) um den Wiederaufbau. Der Kirchenmann engagierte den italienischen Architekten Xabier Fabri und ließ Städte und Dörfer der Algarveküste neu aufbauen. Das Volk dankte es ihm, indem es ihn den ›Heiligen Bischof‹ nannte, *O Bispo Santo*.

Das moderne Faro ist längst weit über die alten Stadtgrenzen hinaus gewachsen, wozu u. a. Handelsschifffahrt, bescheidene verarbeitende Industrie sowie in zunehmendem Maße der Tourismus beigetragen haben. Ebenso wichtig ist die Funktion als **Hauptstadt** der Region Algarve, die Faro seit 1834 innehat. Ihr verdankt die in ihrem Kern so sympathische Stadt u. a. die Einrichtung der Algarve-Universität im Jahr 1982, der jüngsten Alma Mater Portugals.

Besichtigung   Das historische Zentrum von Faro liegt im Wesentlichen innerhalb eines von breiten Straßen angedeuteten Halbkreises an der Küste und gliedert sich in drei deutlich unterscheidbare Teile: *Vila Adentro*, die Altstadt am Meer, nordöstlich davon das einstige Maurenviertel *Mouraria* und im Norden das Hafenviertel *Bairro Ribeirinho*.

Der wichtigste Platz von Faro ist die **Praça Dom Francisco Gomes ❶**, an die alle drei Stadtviertel grenzen. Die Praça liegt am geschäftigen Sporthafen. Sonntagvormittags findet hier ein bunter Flohmarkt statt. Jenseits des verkehrsreichen Platzes öffnet sich ein Gewirr von Einkaufsstraßen. Hier locken Fischlokale und Bistros sowie mit dem **Café Aliança ❷** (Rua Dr. Francisco Gómez 9, Tel. 289 80 16 21) das 1908 gegründete, älteste Kaffeehaus Faros. Heute kann man hier mit schönem Blick auf den Hafen seinen Kaffee genießen oder auch im Internet surfen.

Orientierungshilfe – der Aufbau des Renaissancetores Arco da Vila am Hafen von Faro

Nicht zu übersehen ist das weiße, kastenförmige Gebäude der Hafenmeisterei am Beginn der Mole. In ihm ist auch das **Museu Marítimo Almirante Ramalho Ortigão** ❸ (Rua da Comunidade Lusíada, Tel. 289 89 49 90, Mo–Fr 9–12 und 14.30–16.30 Uhr) untergebracht. Das Marinemuseum präsentiert die Geschichte der Seefahrt: Dokumentationen zu Leuchttürmen, Bootsbauern und zum Fischfang in der Region werden ergänzt durch Navigationsinstrumente und Schiffsmodelle, etwa der *São Gabriel*. Auf dem Original hatte Vasco da Gama 1498 das Kap der Guten Hoffnung umschifft und war bis Kalkutta gesegelt.

Die Praça Dom Francisco Gomes setzt sich den Süden im **Jardim Manuel Bivar** ❹ fort. Die Palmenalleen der lang gestreckten Parkanlage verleihen der Stadt ein beinah tropisches Flair. Zwischen Altstadt und Hafeneinfahrt steht das Gebäude des 1909 erbauten ehem. Elektrizitätswerks. Darin ist heute ein modernes Museum der Wissenschaft zum Anfassen untergebracht, das **Centro de Ciencia Viva do Algarve** ❺ (Rua Comandante Francisco Manuel, Tel. 289 89 09 20, www.ccvalg.pt, 15. Juli–Aug. Di–So 15.30–23, Sept.–14. Juli Di–Fr 10–17, Sa/So 11–18 Uhr). Es bietet ein unterhaltsames Lernprogramm für Kinder, etwa mit anschaulich aufbereiteten Informationen über unser Sonnensystem. Auch physikalische und chemische Prozesse im Meer werden mithilfe von Experimenten spielerisch erklärt.

Cidade Velha

Die Altstadt ist sehr klein, ihre heutige Bebauung stammt größtenteils aus dem 18. Jh. Die diese Cidade Velha umfassende Mauer geht zwar auf das 13. Jh. zurück, wurde aber nach Zerstörungen durch Kriege und Erdbeben Mitte des 18. Jh. aus römischen, arabischen und mittelalterlichen Überresten rekonstruiert. Das Viertel wird aufgrund der Einfassung auch *Vila-a-dentro*, innere Stadt, genannt. Im Süden des Jardim Manuel Bivar führt der **Arco da Vila** ❻ durch die hier beidseitig mit Häusern zugebaute Mauer ins Herz der Vila, die heute Sitz vieler Behörden ist. Architekt Fabri krönte Ende des 18. Jh. seinen italienisch anmutenden, barocken Torbogen mit einem kleinen offenen Glockenstuhl. Unmittelbar über dem Durchgang wacht in einer Nische die Marmorstatue des hl. Thomas von Aquin. Eine schmale kopfsteingepflasterte Gasse führt vom Portal auf den **Largo da Sé** ❼, den großen Platz mit der lebensgroßen steinernen Standfigur des *Bispo Santo* Francisco Gomes de Avelar vor der Kathedrale. Ringsum erhebt sich eins der schönsten Bauensembles der Algarve.

Im Osten des Platzes steht die recht gedrungen wirkende Kathedrale, die **Sé** ❽ (Largo da Sé, Mo–Fr 10–17/18.30 Uhr, Sa 10-13 Uhr), die Stilelemente der Gotik, Renaissance und des Barock aufweist. Sie wurde im 13. Jh. auf den Resten einer frühchristlichen Kirche und einer arabischen Moschee erbaut.

TOP TIPP

Geradlinig und streng beherrscht die Sé, die Kathedrale von Faro, den Kirchplatz

Vom ursprünglich gotischen Bau blieb nach dem Erdbeben 1755 der zur Hälfte eingestürzte Turm mit seinen markanten Spitzbogenportalen zur Vorhalle der Kirche erhalten. Den zerstörten oberen Teil ersetzte man durch einen offenen Glockenstuhl, knapp über der Dachhöhe des Hauptschiffs. Beim Wiederaufbau wurden Lang- und Querhaus im Stil der Renaissance und des Barock ergänzt. Dieses Stilgemisch setzt sich innen fort. Der dreischiffige, dank seiner schlanken Säulen erstaunlich weit wirkende **Innenraum** findet einen würdigen Abschluss im Chor, den eine üppig vergoldete, hölzerne Kassettentonne deckt. Hervorzuheben ist die mittlere Kapelle des südlichen Seitenschiffs, die *Capela de Nossa Senhora do Rosário*. Ihre Wände sind seit Ende des 17. Jh. lückenlos mit weiß-blauen Fliesen verkleidet, auf denen ›Die Flucht nach Ägypten‹ abgebildet ist. Bemerkenswert ist auch die *Capela do Santo Lenho* neben dem Hauptaltar mit dem barocken Kenotaph des Bischofs Antonio Pereira da Silva († 1715), einer interessanten Sammlung von Reliquaren und goldglänzenden Talha-Dourada-Arbeiten. Die *Barockorgel* im Chor, eine deutsche Arbeit des frühen 18. Jh. und 1716–51 vom Portugiesen Francisco Cordeiro bemalt, gehört zu den schönsten Portugals.

An der Nordseite wird der Largo da Sé vom zweistöckigen Bischofspalast **Paço Episcopal** **9** begrenzt, der beim großen Erdbeben kaum zu Schaden kam. Der strenge Renaissancebau mit der größtenteils weißen Front dient heute als städtisches Verwaltungsgebäude. Im Westen des Largo da Sé liegt sein architektonisches Gegenstück, das unter Fabri neu aufgebaute *Priesterseminar*. Die beiden Bauwerke verbindet der aus dem Jahr 1630 stammende *Arco da Porta Nova*. Der Torbogen führt in eine hübsche kleine Grünanlage zwischen Stadtmauer, Bahngleisen und Meer. In Richtung der Hafeneinfahrt befindet sich auch der Anleger für *Fähren* zu den vorgelagerten Sandbänken wie der Ilha de Faro [s. S. 24].

Hinter der Kathedrale schließt sich die *Praça do Afonso III* mit einem Bronzedenkmal des namengebenden Königs und Eroberers der Stadt an. Die Südostseite nimmt das ehem. Klarissinnenkloster *Convento da Assunção* ein. Es wurde Anfang des 16. Jh. von Eleonora, der dritten Frau von König Manuel I., gegründet. Das Bauprojekt zog sich von 1519 bis 1550 hin. Nachdem die Nonnen den Konvent nach der Säkularisation 1834 verlassen hatten, nutzte vorübergehend eine Korkfabrik das Gebäude. Sein zweigeschossiger Renaissancekreuzgang ist einer der schönsten der ganzen Algarve, die Arkadengänge umgeben ein friedliches, von Hecken eingefasstes Gärtchen. Die angrenzenden Räume beherbergen das **Museu Municipal de Faro** ⑩ (Tel. 289 89 74 00, Juni–Sept. Di–Fr 10–19, Sa/So 11.30–18, Okt.–Mai Di–Fr 10–18, Sa/So 10.30–17 Uhr). Dessen Sehenswürdigkeiten schließen ein prächtiges römisches Bodenmosaik aus dem 3. Jh. von 4 x 10 m Größe ein, das Neptun, den Gott des Meeres, und sein Gefolge darstellt. Außerdem sind Büsten römischer Kaiser, ausgegraben bei Milreu [s. S. 39], mittelalterliches Kirchengerät und eine Gemäldesammlung mit Werken internationaler Provenienz, vornehmlich des 19. Jh., zu sehen.

Neben dem Museum führt der **Arco do Repouso** ⑪ mit den beiden Wachtürmen nach Osten aus der Altstadt in die *Mouraria*, den maurischen Teil von Faro. Das Tor ist der letzte Rest einer arabischen Stadtmauer aus dem 11. Jh. Ein Fliesenbild neben dem Durchgang zeigt, wie König Afonso III. sich hier ausruhte (*Repouso*, port. Rast), nachdem er 1246 Faro im Namen des Christentums erobert hatte. In einem der Türme kann man die

Barocker Überfluss zeigt sich in jedem der vier fein geschnitzten und mit Blattgold überzogenen Talha-Dourada-Altären im Inneren der Sé

Bei der Ausstattung der Igreja do Carmo, der Karmeliterkirche im Bairro Ribeirinho, wurde nicht gespart – Gold aus der brasilianischen Kolonie machte es möglich

kleine, karg ausgestattete Kapelle *Nossa Senhora do Repouso* aus dem 18. Jh. besichtigen.

Mouraria

Im Osten vor der Altstadtmauer liegt der ausgedehnte, unbefestigte **Largo de São Francisco** 🄬, auf dem alljährlich in der dritten Oktoberwoche ein riesiger Jahrmarkt abgehalten wird. Anlass ist die *Feira de Santa Iria* zu Ehren der Stadtheiligen. Die Stände mit regionalen Spezialitäten, Kunsthandwerk, Kleidung und Haushaltswaren sowie die Fahrgeschäfte und Tanzbühnen locken Besucher aus der ganzen Region an.

Am nordöstlichen Rand des Platzes liegt die **Igreja de Ordem Terceira de São Francisco** 🄭, eine nach dem Erdbeben im 18. Jh. neu aufgebaute und in der Folgezeit erweiterte Kuppelkirche. Der prächtige Altarraum ist in üppigem Rokoko ausgestattet. Die blau-weißen Azulejos an der Decke zeigen die Krönung Mariä, an den Seitenwänden sind einige Szenen aus dem Leben des hl. Franziskus dargestellt.

Hinter der Kirche lädt die Fußgängerzone mit modernen Geschäften und internationalem Warenangebot zu einem Bummel ein. Dazwischen hat sich auch noch manch kleiner Laden mit traditioneller Ausstattung erhalten. An der geschäftigen *Praça da Liberdade* ist im recht nüchternen Gebäude der Distriktversammlung das ethnografische Museum **Museu Etnográfico Regional do Algarve** 🄮 (Tel. 289 82 76 10, Mo–Fr 9–12.30 und 14–17.30 Uhr) untergebracht. Ausgestellt sind Architekturmodelle typischer Bauformen sowie Trachten und Arbeitsgeräte, die vom Alltag der Bauern und Fischer in der Zeit vor der großen Tourismuswelle im 20. Jh. berichten.

Bairro Ribeirinho

Die von belebten Bars und Restaurants umgebene *Praça Ferreira de Almeida* trennt das Mauren- vom Hafenviertel. Letzeres ist wegen seiner bunten Gassen außerst beliebt. In fröhlichem Durcheinander reihen sich hier moderne und alte Wohnhäuser, kleine Geschäfte, Büros, Hotels und einfache Lokale aneinander, umtost vom chaotischen Verkehrsgewühl. Zum Hafen hin wird das Viertel von der stark befahrenen *Avenida da República* begrenzt. Mitten im Stadtteil liegt an der *Praça de São Pedro* die **Igreja de São Pedro** 🄯 aus dem 16. Jh. Die mit Azulejo-Tableaus und Talha-Dourada-Schnitzwerk geschmückte dreischiffige Renaissancekirche ist dem Schutzheiligen der Fischer geweiht.

Den nördlichen Abschluss des Bairro Ribeirinho bildet der hell-dunkel gepflasterte *Largo do Carmo*. An ihm erhebt sich etwas erhöht über einer Freitreppe die barocke **Igreja do Carmo** 16 (Largo do Carmo, Tel. 289 82 44 90, Mo–Fr 10–13 und 15–17, Sa 10–13 Uhr) von 1719. Die Türme der Doppelturmfassade sind jeweils mit Uhren und offenen Glockengeschossen geschmückt von kleinen barocken Zwiebelhauben gekrönt. Die Ausstattung des einschiffigen **Innenraumes** spiegelt den unerhörten Reichtum wider, den Faro als Hafenort zu Zeiten des Brasilienhandels, vor allem im 18. Jh., erlangt hatte. Sowohl der Hauptaltar als auch die vier Seitenaltäre sind fast vollständig aus vergoldetem Schnitzwerk. Vom algarvischen Künstler Manuel Martins (18. Jh.). stammt der ›Triumphzug‹, eine Gruppe von neun Statuen. Im Kirchhof zieht die **Capela dos Ossos** alle Aufmerksamkeit auf sich. Die Kapelle wurde 1816, nach der Auflösung eines hiesigen Klosters, aus den Knochen von 1245 Mönchen errichtet. Geht der Besucher an den beinernen Wänden entlang, schaut er in die dunklen Augenhöhlen der Totenschädel und kann sich die Inschrift über dem Eingang zu Gemüte führen: »Halte ein und bedenke, dass auch du diesen Zustand erreichen wirst.«

Cidade Novo

Jenseits der alten Viertel von Faro dehnt sich seit Ende des 19. Jh. die **Neustadt** aus. Sie ist um Adelspaläste herum gewachsen, die einst vor der Stadt errichtet wurden und heute etwas verloren wirken zwischen den modernen Bauten, dem Stadttheater und weitläufigen Parkanlagen. Hier, im Nordosten, liegt auch der **Mercado Municipal de Faro** (Largo Dr. Francisco Sá Carneiro), ein modernes Einkaufscenter. In der mittleren Ebene befindet sich ein großer Marktbereich.

Ilha de Faro

Stadtauswärts überbrückt die Flughafenstraße Sandbänke und Priele und zweigt ab zur 8 km entfernten Ilha de Faro. Der rund 50 m breite, steil ins Wasser abfallende Sandstreifen ist eigentlich die östliche Verlängerung der Halbinsel *Ilha do Ancão* und dient als Hausstrand der Städter. Fischerhütten, Badehäuschen, kleine Bungalows, wenige Ferienvillen und einige Lokale säumen die gut 3 km lange, auf der Landzunge verlaufende Straße. Vor allem an den Sommerwochenenden ist der Ansturm von Menschen und Autos enorm. Will man den dann üblichen Stau an der Brücke und die beinahe aussichtslose Parkplatzsuche meiden, setzt man mit einer der Fähren über, die regelmäßig vom Sporthafen zur Ilha de Faro verkehren. 20 Minuten dauert der Ausflug.

Wer an der Fahrt durch das Lagunengebiet der Ria Formosa Gefallen gefunden hat, bleibt einfach an Bord und gelangt nach weiteren 25 Minuten zu den ruhigeren Sandstränden der **Ilha do Farol** und der östlich gelegenen **Ilha da Culatra**. Die zwei Sandbänke sind im Laufe der Zeit durch stete Sedimentablagerungen zu einer Insel zusammengewachsen und nur auf dem Wasserweg zu erreichen. Sie werden auch von Olhão [s. S. 43] aus angesteuert.

ℹ️ Praktische Hinweise

Information

Posto de Turismo, Rua da Misericórdia, Faro (neben dem Arco da Vila), Tel. 289 80 36 04, www.cm-faro.pt

Informationsbüro am Flughafen, Tel. 289 81 85 82, www.cm-faro.pt

Ewig erinnern die Knochenmauern der Capela dos Ossos an die Vergänglichkeit

Gut beschirmt genießt man in den Straßencafés von Faro die südliche Sonne

Hotels

****Hotel Eva**, Avenida da República 1, Faro, Tel. 289 00 10 00, www.tdhotels.pt. Das große Luxushotel am Sporthafen bietet eine hervorragende Aussicht über die Jachten hinaus. Mit Gratis-Busservice zum Strand.

***Pensão Residencial Algarve**, Rua Infante Dom Henrique 52, Faro, Tel. 289 89 57 00, www.residencialalgarve. com. Kleines Vorstadthotel in einem Wohnhaus von 1880 an einer der geschäftigsten Straßen des Hafenviertels. Moderne Ausstattung, nettes Ambiente.

***Pensão Residencial Madalena**, Rua Conselheiro Bivar 109, Faro, Tel. 289 80 58 06, www.residencialmadalena. com. Charmant altmodische Pension im Bairro Ribeirinho.

Pensão Residencial Oceano, Travessa Ivens 21, Faro, Tel. 289 82 33 49. Einfache Pension, zentral in einer Seitengasse der Praça Dom Francisco Gomes gelegen.

Restaurants

Adega Nortenha, Praça Ferraira de Almeida 25, Faro, Tel. 289 82 27 09, www. adeganortenha.pt. In diesem bodenständigen Lokal munden besonders die Fischgerichte und die Schweinekasserole.

Adega Nova, Rua Francisco Barreto 24, Faro, Tel. 289 81 34 33. Alter Weinkeller

von der Größe einer Fabrikhalle, voll lärmender, gut gelaunter Fröhlichkeit.

A Tasca, Rua do Alportel 38, Faro, Tel. 289 82 47 39. Nettes Restaurant mit guter regionaler Küche, darunter auch erschwingliche Tagesgerichte.

Cidade Velha, Rua Domingos Guieiro 19, Faro, Tel. 289 82 71 45. Das gemütliche Lokal in der Altstadt rühmt sich des Schweinfilets mit Datteln und Walnüssen in Portweinsauce (So geschl).

Faro e Benfica, Doca de Faro, Faro, Tel. 289 82 14 22. In diesem Restaurant am Ende der Hafenmole sitzt man wie auf einem Ausflugsdampfer zwischen Wasser und Himmel. Frische Meeresfrüchte.

2 Quinta do Lago

Exklusives Golferdorado in paradiesischer Parklandschaft am Meer.

Am westlichen Rand der Ria Formosa, kaum eine halbe Stunde vom Flughafen Faro entfernt, liegt Quinta do Lago (www. quintadolago.com), eine der exklusivsten **Feriensiedlungen** Europas. Die dazu gehörenden drei international renommierten **18-Loch-Golfplätze** mit Driving Ranges und Golf-Akademie ziehen Weltmeister wie Anfänger an. Auf insgesamt 640 ha können sich Erholungsuchende

Wer auf dem gepflegten Golfplatz von Vale do Lobo unter Par (72) spielen will, muss auch über Stock und Stein bzw. über Felsen und Schluchten schlagen

Golf im Tal des Wolfes

Als die **Engländer** Anfang des 20. Jh. die ersten zivilen Kolonien an der Algarve gründeten, brachten sie auch ihre Vorliebe für den Golfsport mit. Wie passend, dass gerade in den Monaten November bis März, wenn auf der heimischen Insel niemand das Haus ohne Regenschirm verlässt, an der Algarve die beste Zeit für Golf ist.

In den letzten 20 Jahren sind an der Algarve mehr als 20 **Golfplätze** entstanden, die allesamt internationale Anerkennung finden. Bekannte Landschaftsarchitekten wie Sir Henry Cotton haben die Greens zwischen Felsenbuchten, Dünen, Pinienwäldchen oder kleinen Wasserläufen angelegt und kombinierten dabei perfekt die großartige Landschaft mit den Anforderungen des Sports. Die Varianten reichen von dem in die Lagunenlandschaft der Ria Formosa eingepassten Golfplatz **São Lourenço** (bei Almancil) über die lieblichen Parklandschaften in **Penina** (bei Alvor) oder das in einem uralten Baumbestand liegende **Vale da Pinta** bei Lagoa bis hin zu dem reliefreichen, herben **Parque da Floresta** in Vila do Bispo.

Für die meisten Plätze an der Algarve ist keine Clubmitgliedschaft erforderlich und die Zulassungsregeln sind wenig restriktiv. So kann man hier unbeschwert ausprobieren, wie die Kombination von Spaziergang an frischer Luft – immerhin ist ein durchschnittlicher 18-Loch-Course um die 6 km lang – und sportlicher Präzision gefällt.

und Golfbegeisterte zwischen Kiefernwäldchen, kleinen, sorgfältig angelegten Seen und malerischen Schilfpflanzungen ergehen, dazwischen liegen Villen und Bungalows weit verstreut. Vom Meeresufer führt eine 320 m lange Holzbrücke zu einer Sandbank mit der **Praia do Anção**. Der wunderschöne, lange Sandstrand ist oft in weiten Teilen menschenleer, obwohl er wie alle Strände Portugals öffentlich zugänglich ist.

Gelegenheit zum Shopping bietet ein an der Einfahrt zum Gelände der Quinta do Lago liegendes *Einkaufszentrum*, eines der elegantesten Portugals. Hier erhält man schlichtweg alles: komplette Golfausrüstungen, ausländische Tageszeitungen oder die adäquate Robe für den abendlichen Kasinobesuch im nahen Vilamoura.

Vale do Lobo

In einer guten Dreiviertelstunde gelangt man zu Fuß am Strand entlang Richtung Westen zum Vale do Lobo. Goldfarbene Sandsteinfelsen zwischen bepflanzten

Dünen künden das zweite **Luxusresort** am hiesigen Küstenabschnitt an.

Die ›Tal des Wolfes‹ genannte Anlage wurde 1962 errichtet und wird ständig erweitert. Exklusive Ferienhäuser und Ferienapartments liegen locker verteilt zwischen den zwei **18-Loch-Golfplätzen**, dem *Royal Course* und dem *Ocean Course*. Das faszinierende Fotomotiv von Loch 16 des Royal Course, bei dem der Ball über eine 130 m breite Schlucht der Steilküste geschlagen werden muss, darf in keiner Algarve-Werbung fehlen. In der Mitte des rund 400 ha großen Geländes befinden sich die Rezeption (www.vale dolobo.com Tel. 289 35 33 33), das Clubhaus sowie einige Geschäfte, Restaurants und Bars. Auch andere Sportarten, wie Tennis (auf 14 Pätzen), Yoga, Minigolf und Spielplätze gehören zum Angebot.

ℹ Praktische Hinweise

Reiten

Centro Hípico, Avenida Ayrton Senna, Quinta do Lago, Tel. 289 39 60 99. Ganzjährig angeboten werden Reitunterricht, spezielle Kinderkurse, sowie Ausritte am Strand und in die Umgebung. Zum Reitstall gehören auch Bar und Restaurant.

Hotels

*****Quinta do Lago**, Tel. 289 35 03 50, www.hotelquintadolago.com. Exklusives Luxushotel in der gleichnamigen Anlage. Helle, freundlich eingerichtete Zimmer und Suiten. Swimmingpool und großes Sportangebot.

Vilar do Golf, Quinta do Lago, Tel. 289 35 20 00, www.diamondresorts. com/Vilar-do-Golf. Komfortable Ferienhausanlage. Gäste haben Zugang zu allen Einrichtungen von Quinta do Lago.

Restaurant

Julia's Restaurant, Praia do Garrao, Almancil, Tel. 289 39 65 12, www.julias-algarve.com. Exklusives Restaurant. Geboten werden exzellente Meeresfrüchte und frischer Fisch.

3　Almancil

Kulturinsel inmitten von Verkehrschaos.

Rund 13 km westlich von Faro, wo die Schnellstraße vom Flughafen in die große Küstenstraße EN 125 übergeht, liegt

Außen stimmen nur wenige Azulejos auf die Kachelpracht im Inneren der Igreja de São Lourenço dos Matos in Almancil ein

Im wahrsten Sinne des Wortes bis unters Dach ist die Igreja de São Lourenço dos Matos mit Fliesen verkleidet, selbst die Kuppel ist vollständig mit Azulejos geschmückt

das Dorf Almancil (4000 Einw.). Der alte Ortskern verschwindet fast zwischen all den aus dem Boden geschossenen Vorortsiedlungen, ihren Autobahnzubringern und den Straßen zu den exklusiven Golfresorts. Der Ort breitet sich mit seinen Neubauvierteln auch immer mehr in die Umgebung aus, zugleich hat er aber kein wirkliches Zentrum mehr. Das meiste Leben spielt sich noch an der Durchgangsstraße EN 125 ab, welche die meisten Restaurants und Geschäfte aufweist. Einst war Almancil berühmt für seine charakteristische **Keramik** mit schwarzer Malerei auf ockerfarbenem Grund. Die eigentlichen Anziehungspunkte von Almancil sind jedoch die Kirche São Lourenço und das gleichnamige Kulturzentrum. Beide liegen Richtung Faro im östlichen Ortsteil São Lourenço dos Matos direkt an der Hauptstraße. Der Weg dorthin ist gut ausgeschildert.

TOP TIPP Die von außen so schlichte, kuppelgekrönte weiße **Igreja de São Lourenço dos Matos** (Tel. 289 39 54 51, Di–Sa 10-13 und 14.30–17.00, Mo 14.30–17.00 Uhr, Dez./Jan. meist geschl.) aus dem 16. Jh. birgt eine der wertvollsten Ausstattungen mit Azulejos in ganz Portugal. Blau-weiße Fliesen bedecken die Wände, das Tonnengewölbe, den Chor samt Kuppel und die Seitenaltäre des einschiffigen Kirchenraums. Diese in ihrer Fülle überwältigenden Kunstwerke wurden 1730 von Policarpo de Oliveira Bernardes gestaltet. Auf den Fliesen entfalten sich bewegte Szenen aus dem Leben des hl. Laurentius, eines Heiligen des 3. Jh. Man sieht seine Wunderheilungen und die barmherzige Almosenvergabe. Laurentius hatte auf Geheiß des gefangenen Papstes Sixtus den Kirchenschatz an Arme verschenkt. Und zuletzt sieht man sein Martyrium auf dem Rost, angeordnet vom römischen Kaiser Valerian. Über dem Hauptaltar aus Marmor erblüht eine üppiger Talha-Dourada-Aufsatz, in der Mitte die Statue des triumphierenden Christus.

Gleich neben der Kapelle reihen sich entlang der abschüssigen Dorfstraße **TOP TIPP** die unscheinbaren weißgekalkten Häuschen des **Centro Cultural de São Lourenço** (Apartado 3079, Tel. 289 39 54 75, www.centroculturalsaolou renco.com, Di–So 10–19 Uhr) aneinander. Die über 200 Jahre alten Landarbeiterbehausungen, die im Inneren miteinander verbunden sind, bilden seit 1981 eine gelungene Kombination aus Kunstgalerie und Kulturzentrum. Gegründet wurde das Zentrum, das wichtige Impulse für die gesamte Region liefert, von dem Deutschen Volker Huber, nach seinem Tod 2004 übernahm seine Gattin Marie Huber die Leitung. Regelmäßig werden hier Wechselausstellungen veranstaltet, Künstler aus ganz Portugal und aus anderen europäischen Ländern präsentieren in den schönen Räumen ihre Werke. An manchen Abenden finden auch Konzerte statt. Außerdem lädt der skulpturengeschmückte Garten zum Verweilen ein.

Durch den blau-weißen Bilderrausch der Fliesen tritt der Talha-Dourada-Altar im Inneren der Igreja de São Lourenço dos Matos fast in den Hintergrund

Anmutige Kunstwerke: Azulejobilder schmücken den Garten von Estói

Azulejos – gebrannte Tapeten

Im Arabischen bezeichnet **Az-zulaij** einen kleinen, bemalten, polierten Stein. Aus vielen solcher Steinchen schufen die Mauren ab dem 8. Jh. auf der Iberischen Halbinsel kunstvolle Mosaike, prächtige geometrische Muster in schier endlosen Variationen. Diese steinernen Teppiche schmückten bevorzugt Moscheen und öffentliche Gebäude.

Statt einzelne Steine zu verarbeiten, ging man im späten Mittelalter dazu über, mehrere Farben nebeneinander auf größere Tonplatten aufzutragen. Dazu wurden eingefettete Schnüre in den noch feuchten Ton gedrückt, um das Ineinanderlaufen der verschiedenen Farben zu verhindern – die **Corda-seca-Technik**. Nach ihren Mosaikvorläufern nannte man die bunten Fliesen **Azulejos**.

Seit im 16. Jh. der Italiener Nicoloso in Faenza die **Fayence**- oder **Majolika-Technik** erfunden hatte, konnten komplexere Motive und Bildkompositionen direkt auf die Fliesen aufgebracht werden. Dafür wurden vorgebrannte Tonfliesen mit einer weißen Zinnlasur bestrichen, die man mit einem Pinsel farbig bemalte. Während der Regierungszeit des spanischen Königs Felipe II. (1556–98) verbreiteten flämische Keramiker diese Technik in Portugal. Von holländischem Einfluss zeugt auch eine Mode Ende des 17. Jh. bis Mitte des 18. Jh., als die Fliesen in Portugal weißblau gestaltet wurden. Vor allem die der Gegenreformation verpflichteten Jesuiten ließen die Wände ihrer barocken Paläste und Kirchen statt mit üppigen Wandteppichen mit ebenso bildreichen wie praktischen, weil isolierenden **Azulejo-Tapetes**, Azulejotapeten, verkleiden. Eines der schönsten Beispiele für großflächige Azulejo-Tableaus findet sich in der Kirche São Lourenço von Almancil [Nr. 3]. Heutzutage statten Lokale ihre Innenräume gerne mit Fliesenschmuck aus, auch um sich damit auf Jahrzehnte den Anstrich zu sparen.

Anfang des 19. Jh. machten ausgefeiltere Brenntechniken der Fliesen witterungsbeständiger. Seither werden Azulejos auch zur Gestaltung von **Fassaden** verwendet. Vor allem im feuchten Norden des Landes, aber auch im Fischerviertel von Olhão [Nr. 9] ist ein Teil der einfachen Häuser mit Fliesen verkleidet. Die Dekoration von öffentlichen Gebäuden mit Fliesen ist und bleibt eine portugiesische Spezialität. Vor allem die Bahnhöfe, z. B. der von Lagos [Nr. 35], sind sehenswert.

i Praktische Hinweise

Hotel

Quinta dos Rochas, Fonte Coberta (ca. 3 km südwestlich, an der Straße von Almancil nach Quarteira), Tel. 289 39 31 65, www.quintadosrochas. pt.vu. *Turismo rural* in hübschem Gebäude mit sechs Doppelzimmern. Swimmingpool im großen Garten (Mitte Nov.–Jan. geschl.).

Restaurants

Aquarelle, Pereiras de Almancil (2 km westlich von Almancil), Tel. 289 39 79 73. Stets frische französische Küche in gepflegter Atmosphäre (So geschl.)

O Ribeiro, Rua Jose Vicente de Brito 42, Almancil, Tel. 289 39 56 97, www.the algarve.net/bizz/ribeiro. Einfaches Grill-restaurant mit wohlschmeckender, deftiger portugiesischer Küche. Fisch-und Fleischgerichte.

4 Santa Bárbara de Nexe

Villendorf mit sehenswerter Kirche.

Eine schmale Landstraße führt parallel zur autobahnähnlichen E 01 von Estói nach Loulé an Berghängen entlang und eröffnet Kurve für Kurve neue Ausblicke auf die Küstenebene und die Ria Formosa. In Santa Bárbara de Nexe bildet sie mit einem von Faro kommenden Sträßlein die zentrale Ortskreuzung. Hier liegt die kleine, dreischiffige **Igreja Matriz** aus dem 15. Jh. Sie weist innen an Decke und Wänden sehenswerte Dekorationen der manuelinischen Zeit auf, in der See-mannsknoten und Tauwerk den Kirchen-schmuck bereicherten.

Viele Portugiesen, Engländer und Deut-sche besitzen in dem ehemals unschein-baren Santa Bárbara de Nexe ein Ferien-häuschen; entsprechend weitläufig dehnt sich die lockere Bebauung nach Norden aus. Der Ort ist beliebt, nicht nur wegen der Nähe zur Autobahn nach Lissabon und zum Flughafen von Faro, sondern auch wegen seiner Lage etwa 300 m über dem Meer, die bereits etwas vom frischeren Klima der Berge ahnen lässt.

ℹ Praktische Hinweise

Hotel

*****Quinta do Atlântico**, zwischen Loulé und Santa Bárbara, Tel. 289 99 94 85, www.algarve-domizil.de. Erholung pur in ländlicher Umgebung. Jedes der sie-ben Zimmer des kleinen Hotels verfügt über Südterrasse oder -balkon und schönen Blick aufs Meer.

Restaurant

A Canga, Santa Bárbara de Nexe, Tel. 289 99 97 55. Einfaches Ausflugslokal mit großer Terrasse am westlichen Ortsrand von Santa Bárbara.

5 Loulé

Lebendiger Marktort mit Überresten einer Maurenburg und samstäglicher Treffpunkt.

Dicht drängen sich die Häuser von Loulé (21 000 Einw.) in den Hügeln der *Serra de Monte Figo*. Rund 18 km landeinwärts gelegen, füllt sich das Wirtschaftszent-rum der ländlichen Gegend vor allem an Samstagen mit Bauern und Touristen aus dem Umland und von der Küste, die zum traditionellen Markt strömen. Viel los ist auch im Februar, genauer gesagt an den vier Tagen vor Aschermittwoch, wenn in Loulé lautstark und ausgelassen **Carna-val** gefeiert wird. Zur selben Zeit findet das ebenfalls fröhliche Mandelblütenfest **Festa da Amêndoa** statt.

Geschichte   Im 8. Jh. gründeten Mauren an dieser Stelle die Siedlung *Al-Ulya*, zu deren Schutz sie eine Burg, das *Castelo*,

Orientalisch muten die Hufeisenbogenfenster am Marktgebäude von Loulé an

Ein Kupferschmied geht in der Altstadt seinem traditionellen Handwerk nach

Besichtigung Buntes Leben entfaltet sich tagsüber um die langgezogene **Praça da República** ❶ inmitten der Altstadt. Im Südosten geht die Praça da República in den *Largo de Gago Coutinho* über, an dessen Südseite sich der **Mercado** ❷ öffnet. Von Montag bis Freitag herrscht reges Treiben in dem einstöckigen neo-maurischen Zweckbau, der mit seinen Hufeisenbogenfenstern einen Hauch von Orient verbreitet. Der Samstagsmarkt breitet sich mit einer Vielzahl zusätzlicher Stände dann auch in den angrenzenden Straßen aus. Zum Angebot des Marktes gehören an allen Tagen Obst und Gemüse, Fisch und Fleisch. Da locken tiefrote Tomaten neben reifen, süßen Melonen, am nächsten Stand gibt es fangfrische Langusten zu kaufen – das Angebot ist vielfältig. Hinter dem Markt beginnen die Avenida José da Costa Mealha und der moderne Teil der Stadt.

Westlich der Praça da República gehen enge kopfsteingepflasterte Geschäftsstraßen ab, in denen flaniert, gehandelt und gearbeitet wird. Loulé ist bekannt für seine zahlreichen Handwerksbetriebe. Samstags drängen Schau- und Kauflustige durch die **Rua 5 de Outubro** ❸ oder die **Rua da Barbaça** ❹, vorbei an den Läden der Töpfer, Sattler und Kupferschmiede. Dann finden sich Eisverkäufer ein, preisen fliegende Händler ihre Waren an, bieten Straßenverkäufer Luftballons und marokkanische Ledertaschen feil. Als

errichteten. Frühere römische oder westgotische Ursprünge werden vermutet, sind aber nicht belegt. Nachdem die christlichen Santiago-Ritter die Festung 1249 erobert hatten, ließ sie Großmeister Paio Peres Correia mit einer Mauer befestigen. Unter König Dinís erhielt Loulé 1291 das *Marktrecht*, das dem Ort bis heute Handel und Wohlstand brachte.

Großflächige Azulejotableaus an den Innenwänden der Capela de Nossa Senhora da Conceição stellen Szenen aus dem Neuen Testament dar

Andenken oder Mitbringsel sind handgefertigte Korbwaren, Kerzen, Keramik und preiswerte Ledererzeugnisse beliebt.

Von der maurischen Burg, dem **Castelo** **5** (Rua Payo Peres Correia 17, Mo–Fr 10–12 und 15–17, Sa 10–12 Uhr) nahe dem heutigen *Largo Bernardo Lopes*, sind nach dem Erdbeben von 1755 nur noch ein Mauerstück, der an seinem Fuß liegende Wohnbereich und zwei Viereckstürme erhalten. Über eine Innentreppe kann man die Plattform eines der beiden *Torre* erklimmen, von der aus sich ein bezaubernder Blick über die Dächer der Stadt bietet.

Der ebenerdige Wohnbereich der Burg diente in maurischer Zeit als *Alcaidaria*, als Rathaus. Heute beherbergt es das **Museu Municipal** **6** (Mo–Fr 10–12 und 15–17, Sa 10–12 Uhr), in dem arabische Münzen, Mosaike und andere archäologische Funde aus der Region ausgestellt werden. Zudem wird die in Loulé traditionelle Verarbeitung von getrockneten Feigen, Mandeln und Johannisbrot dokumentiert. Einfache bäuerliche Arbeitsgeräte und einige Musikinstrumente sind ebenfalls zu sehen.

Im benachbarten, im 17./18. Jh erbauten und 1836 säkularisierten Heilig-Geist-Kloster residiert heute die **Galeria de Ar-**

te do Convento do Espírito Santo **7** (Mo–Fr 9–17.30, Sa 10–14 Uhr). Sie zeigt Werke von Künstlern aus der Region.

Gegenüber der Alcaidaria befindet sich die kleine Gebetskapelle **Nossa Senhora da Conceição** **8** (Mo–Fr 14–17.30, Sa 10–14 Uhr). Den winzigen Raum dominiert ein üppig geschnitzter Talha-Dourada-Altar. Die flächendeckend gefliesten Wände zeigen Szenen aus dem Leben der Jungfrau Maria (18. Jh.), den Abschluss bildet ein Deckengemälde des Malers Joaquim José Rasquinho von 1841.

Hauptkirche des Ortes ist die **Igreja Matriz de São Clemente** **9** im Süden der Altstadt. Sie entstand im 13. Jh. auf den Resten einer zerstörten Moschee. Während der Eingangsbereich noch gotisch geprägt ist, wurde das restliche Gebäude in den folgenden Jahrhunderten mehrfach umgebaut. Die große dreischiffige Kirche berührt mit ihrer beachtenswerten Innenausstattung mehrere Epochen der Kunstgeschichte, anschaulich nachzuvollziehen anhand der Seitenkapellen. Die *Capela das Almas* im Stil der Renaissance birgt wertvolle polychrome Azulejos (17. Jh.) und eine ausdrucksvolle Marienstatue, die manuelinisch ausgeschmückte *Capela São Brás* aus dem 16. Jh. einen barocken Altar. In der eben-

33

In der Markthalle erhält man nicht nur frisches Obst und Gemüse, wer sich Zeit nimmt, erfährt auch die interessantesten Neuigkeiten der Region

falls manuelinischen *Capela Santo António* kann man noch das gotische Fenster bewundern, die Wände sind mit Fliesenbildern des 18. Jh. versehen. Aus dem 17. Jh. stammen die Azulejos, die das Allerheiligste im Chor schmücken.

Die Osterwallfahrt führt von Loulé zur Capela de Nossa Senhora da Piedade

In der Avenida Marçal Pacheco erhebt sich die **Igreja da Misericórdia** 🔟. Besonders schön ist ihr manuelinisches Eingangsportal, eingefasst von dickem steinernen Tauwerk und gekrönt von Ananasfrüchten, sowie das ebenfalls im 16. Jh. gefertigte, filigran gravierte Granitkreuz im Vorhof. Vom gotischen **Convento de Graça** 🔢, dem ehem. Kloster an der Praça Tenente Cabeçadas, ist nur noch die Fassade erhalten. Den Scheitel des auffälligen Spitzbogenportals schmückt ein plastisch herausgearbeiteter Drudenfuß, ein Pentagramm, das Geister abschrecken soll.

2 km westlich von Loulé liegt Richtung Boliqueime auf einem Hügel die weiße Wallfahrtskirche **Capela de Nossa Senhora da Piedade** aus dem 16. Jh. Die Renaissance-Kapelle mit Kuppel ist ›Unserer erbarmungsreichen Frau‹ geweiht, der Schutzpatronin der Algarve. Oft bedanken sich Gläubige für die Erhörung ihrer Gebete mit Blumen und Votivtafeln. Am zweiten Sonntag nach Ostern ist die Kapelle Ziel der populären Wallfahrt *Romaria da Mãe Soberana*.

ℹ️ Praktische Hinweise

Information

Posto de Turismo, Avenida 25 de Abril 9, Loulé, Tel. 289 46 39 00, www.cm-loule.pt

Hotels

***Jardim, Praça Manuel de Arriaga, Loulé, Tel. 289 41 30 94, www.loulejardim hotel.com. Die Architektur des Hotels mit 52 Zimmern zu moderaten Preisen greift den maurischen Stil auf. Seine Besonderheit ist die schöne Dachterrasse mit Pool.

Algarve, Rua Quinta de Betunes 50, Loulé, Tel. 289 41 42 51. Nette, ordentliche Pension in der Innenstadt.

Restaurants

A Muralha, Rua Martim Moniz 41, Loulé, Tel. 289 41 26 29. Gutes Grillrestaurant an der Stadtmauer (So geschl.).

Casa dos Arcos, Rúa de Sá Miranda 23, Loulé, Tel. 289 41 67 13. Im Zentrum, unter einem alten Ziegelgewölbe werden köstliche Meeresfrüchte und Fischspezialitäten serviert.

TOP TIPP **Museu do Lagar**, Largo Igreja Matriz 7, Loulé, Tel. 289 42 27 18. Rustikales Spezialitätenlokal für Meeresfrüchte in einer historischen Ölmühle direkt gegenüber der Igreja Matriz de São Clemente.

6 Querença und Salir

Reizvolle Bergdörfer in der grünhügeligen Serra do Caldeirão.

Nördlich von Loulé liegen mehrere reizvolle Dörfern an den bewaldeten Hängen der südlichen Ausläufer der **Serra do Caldeirão**. Die Landstraße 396 führt von Loulé aus ins Hochland, wo Eichen, Eukalyptus- und Erdbeerbäume stehen. Die Täler werden landwirtschaftlich genutzt, zwischen Feldern sieht man immer wieder Mandelbaumpflanzungen.

Querença, 11 km nordöstlich von Loulé, liegt nicht besonders hoch (276 m): In einem breiten Tal erhebt sich isoliert der kleine Bergkegel, auf dem der nette, ruhige Ort erbaut wurde. Auf seiner abgeflachten Spitze liegt der Kirchplatz, an dem alle Gassen und die Durchgangsstraßen zusammentreffen. Für den hangaufwärts kommenden Besucher hebt sich die **Igreja da Nossa Senhora da Assunção** weiß leuchtend vor dem blauen Himmel ab. Das ursprünglich aus dem 16. Jh. stammende einfache Gotteshaus wurde im 18. Jh. teilweise erneuert. Schlicht sind das manuelinische Portal sowie im Inneren die naiv anmutenden Heiligenfiguren aus dem 18. Jh. z. B. über dem Eingang, nicht aber die barocken Talha-Dourada-Altäre.

Ein besonders schöner Spaziergang ist der Ausflug zur **Fonte da Benémola**, einem geschützten Naturdenkmal knapp 2 km westlich von Querença. Wo die Straße nach Tôr den kleinen Fluss Menalva erreicht, beginnt ein unbefestigter Fußweg, der durch das niedrige Buschwerk am Flussufer zu einer Karstquelle führt. Klares Wasser sprudelt in einen Teich. Die üppige Vegetation von Zistrosen, Ilex, Weiden, Oleander sowie Macchia mit Rosmarin und Thymian bereichert die Kulisse sogar in den heißen Sommermonaten. Unweit der Quelle plätschert das Flüsschen als kleiner Wasserfall von einer Staustufe herab. Daneben lädt ein Picknickplatz zum Verweilen ein. Bergauf führt ein steiler Pfad bzu einigen kleineren Höhlen, die hübsche Namen wie *Igrejinha dos Mouros*, ›Maurenkirchlein‹, tragen. Ohne Taschenlampe und Ausrüstung sollte man jedoch nicht weiter als ein paar Meter in diese Höhlen hineingehen, auch um die dort lebenden Fledermäuse nicht zu stören.

TOP TIPP Gut 10 km weiter nordwestlich winden sich die malerischen Gassen von **Salir** unterhalb einer maurischen Burgruine um einen 267 m hohen Bergrücken. Einst wurde von hier aus die gesamte Algarve beherrscht, doch Mitte des 13. Jh. eroberte Paio Peres Correia, Großmeister des christlichen Santiagoordens, die wichtige maurische Festung. Der Zahn der Zeit ließ von der trutzigen Anlage lediglich einen Turm und ein paar Mauern stehen. Heute ist Salir ein stilles Dorf, durch dessen beschauliche Gassen höchstens ein paar Sommergäste und Wanderer bummeln.

Im nahen Dörfchen Pena an der EN 124 ist in einem restaurierten alten Schulgebäude mit Pagodendach das Natur-Informationszentrum **Centro Ambiental da Pena** (Tel. 289 48 98 49, http://capena. no.sapo.pt, unregelmäßig geöffnet) eingerichtet. Dort erhält man neben Informationen zur einheimischen Fauna und Flora auch Wanderkarten für die wunderschöne Umgebung. Ein beliebtes Wander- und Kletterrevier ist z. B. zwischen **TOP TIPP** Salir und Benafim der bis zu 479 m aufragende Bergstock **Rocha da Pena**. Von den Weilern Rocha und Penina aus kann man auf nicht ausgeschilderten Pfaden eine etwa 5 km lange Rundwanderung über den unter Natur-

Eine liebliche Landschaft erwartet den Wanderer in den Hügeln nördlich von Salir

schutz stehenden ›Fels der Schmerzen‹ unternehmen. Der Aufstieg ist nur mäßig schwer, doch festes Schuhwerk ist nötig. Vom Hochplateau des Kalkfelsens aus sieht man an klaren Tagen über bewaldete Täler und felsige Höhenzüge bis zur 30 km entfernten Küste.

ℹ Praktische Hinweise

Information

Posto de Turismo, Largo da Igreja, Querença, Tel. 289 42 24 95, www.cm-loule.pt

Hotels

A Tia Bia, Barranco do Velho, Salir (ca. 5 km nordöstlich von Querença), Tel. 289 84 64 25. Das an der Kreuzung der Durchgangsstraßen gelegene Gasthaus ist ein idealer Ausgangspunkt für Wanderungen durch die Kiefern- und Steineichenwälder der Umgebung. Sehr gute ländliche Gerichte, z. B. Kaninchen im Kürbis.

Casa da Mãe, Almeijoafra, 1 km nördlich von Salir, Tel. 289 48 91 79, www.casadamae.com. In dem Landhaus vor herrlich ruhiger Bergkulisse sind drei Luxusapartments und einige Zimmer zu mieten. Schöner Garten mit Swimmingpool.

Restaurants

Monte da Eira, Clareanes, Loulé (an der Straße nach Loulé, 5 km nach Querença), Tel. 289 43 81 29. Sehr gute, traditionelle portugiesische Küche. Fisch- und Fleischgerichte (Mo geschl.).

Mouro Bar, Castelo de Salir, Tel. 289 48 94 58. An der Burg von Salir gelegen, ist dieses gemütliche Lokal eine der reizvollsten Adressen des Berglandes der Algarve. Den unübertrefflichen Ausblick auf Dorf und Kirchhügel genießt man bei einfachen, aber liebevoll zubereiteten Speisen.

Querença, Largo da Igreja, Querença, Tel. 289 42 25 40. Das freundliche Lokal im ersten Stock mit Blick auf den Kirchplatz rühmt sich seiner Hausmannskost. Zu empfehlen sind *Lulas* (Tintenfische), Hähnchen nach Art des Hauses oder Zicklein-Eintopf (Mi geschl.).

7 São Brás de Alportel

Verblasster Glanz einstiger Sommerfrische.

Die fruchtbare Hochebene nördlich der Bergkette der *Serra de Monte Figo* gilt als Gemüsegarten der Algarve, das auf die

Araber zurückgehende São Brás de Alportel (10 000 Einw.) ist wichtiger **Marktort**. Als die Bischöfe der Algarve 1577 ihren Sitz von Silves nach Faro verlegten, wählten sie das frühere maurische Xanabus als Sommerfrische und benannten die Siedlung nach dem hl. Blasius. Im 19. Jh. fand in São Brás eine bescheidene Industrialisierung statt. Neben Getreide und Gemüse aus der Umgebung verarbeitete man hier **Kork** aus dem nahen Bergland. Als jedoch die Eisenbahnlinie an der Küste gebaut wurde, geriet die Siedlung ins Abseits und verlor auch als Luftkurort an Bedeutung.

Heute gilt São Brás als ein Zentrum der portugiesischen Korkindustrie und Verkehrsknotenpunkt wichtiger Fernstraßen. Zeitweise droht der zentrale Largo de São Sebastião unter Blechlawinen zu ersticken. Doch wenige Schritte davon entfernt herrscht in den Gassen der Altstadt oft eine unglaubliche Ruhe. Der **Palácio Episcopal**, die ehem. Sommerresidenz des Bischofs aus dem 16. Jh. am *Largo do Mercado*, wurde 1923 zu einer Schule umgebaut. Auch von den prächtigen bischöflichen Gartenanlagen **A Verbena** ist wenig geblieben, seit man dort das städtische Schwimmbad ausgehoben hat.

Am östlichen Ortsrand stehen einige Villen von Industriellen des 19. Jh.; die des Korkfabrikanten António Bentes stellte seine Urenkelin 1980 als Kulturhaus und Museum zur Verfügung. Das Anwesen beherbergt inzwischen das interessante **Museu do Trajo** (Rua Dr. Jose Dias Sancho 61, Tel. 289 84 01 00, www.museu-sbras.com, Mo–Fr 10–13 und 14–17, Sa/So 14–17 Uhr). Die kühlen, weitläufigen Räume mit ihrer Originalausstattung zeigen den bürgerlichen Luxus des spaten 19. Jh. und verraten viel über die Lebensweise der Oberschicht in jener Zeit. In diversen Anbauten sind zudem landwirtschaftliche Geräte und Apparate ausgestellt, die bei der Korkverarbeitung zum Einsatz kamen. Das Museum bietet sich als Ausgangsort für eine Fahrt auf der **Rota da Cortiça** (Route des Korks, www.rotadacortica.pt) an. Die 2008 eingerichtete Touristenroute, die über mehrere Stationen ins hügelige Hinterland der Algarve führt, vermittelt Wissenswertes über die Gewinnung und Nutzung von Kork, über historische und heutige Produktionsbedingungen.

Ein günstiger Ausgangspunkt für Wanderungen ins liebliche Umland ist die 2 km nördlich der Stadt gelegene **Pou-**sada. Von dort bieten sich als Ziele beispielsweise der Aussichtspunkt **Alto da Judeia** weitere 2 km nördlich bei Almargens an oder die gut 1 km in derselben Richtung gelegene **Fónte Férrea**. An dieser frischen ›Eisenquelle‹ laden Picknicktische unter Schatten spendenden Bäumen zu einer Rast ein.

i Praktische Hinweise

Information

Posto de Turismo, Largo de São Sebastião 23, Sao Brás de Alportel, Tel. 289 84 31 65, www.visitalgarve.pt

Hotels

****Pousada de São Brás de Alportel**, Poço dos Ferreiros, São Brás de Alportel, Tel. 289 84 23 05, www.pousadas.pt. Oberhalb von São Brás gelegenes Haus in ruhiger Lage mit 33 sehr gut ausgestatteten Zimmern. Schöner Blick ins Tal, besonders wenn im Januar und Februar die Mandelbäume blühen. Das ausgezeichnete Restaurant bietet regionale Spezialitäten (Wiedereröffnung 2012).

Quinta Fonte do Bispo, EN 270 (Richtung Tavira, nach Santa Catarina), Tel. 281 97 14 84, www.qtfontebispo.com. Sechs geschmackvoll eingerichtete

Eine Korkpresse aus alten Tagen zeigt das Museu do Trajo Algarvio

Künstlerische Gestaltungsfreude spiegelt der Aufgang zur Freitreppe im Garten des Palácio de Estói

Zimmer in eingeschossigen Landhäuschen. Großes Grundstück mit herrlichem Garten, Schwimmbad, Sauna und Tennisplatz.

Restaurants

Fonte da Pedra, Avenida da Liberdade, Campina, São Brás de Alportel, Tel. 289 84 14 13. Schönes Ausflugslokal an der Auffahrt Richtung Pousada mit gro-

Ihre Lage am Hang ist kein Grund, die Igreja Matriz in Estói schief anzuschauen

ßem Garten. Terrasse mit unverbautem Blick. Leckere Grillgerichte und Meeresfrüchte (Di geschl.).

Savoy, Rua Luis Bivar 40, São Brás de Alportel, Tel. 289 84 23 46. Portugiesische und internationale Küche, z. B. Ente mit Orangensauce. Auch die vegetarischen Gerichte können empfohlen werden (Mi/Do geschl.).

8 Estói

Ehemaliger Grafenpalast und römische Ruinen in luftigen Bergeshöhen.

Am südlichen Abhang der Serra de Monte Figo und 10 km nördlich von Faro liegt Estói, ein ruhiges Dorf mit 3000 Einwohnern. Die niedrigen weißen Häuser sind eng aneinander gebaut, steile Gassen winden sich um eine Anhöhe, die vom Kirchlein **Capela do Pé da Cruz** gekrönt wird. Hier feiert man Anfang Mai das religiöse Volksfest Festa da Pinha zu Ehren des Kreuzes. Bedeutend größer ist die **Igreja Matriz** (geöffnet zu den Messen So 12, Mi 10, Fr 18 Uhr) aus dem 17. Jh. im Zentrum des Ortes. Die Pfarrkirche wurde nach dem Erdbeben von 1755 unter Leitung des Italieners Xabier Fabri in weiten Teilen rekonstruiert. Die weiß-blaue Fliesenauskleidung im Inneren stammt aus der ersten Hälfte des 19. Jh.

Nördlich der Kirche steht an einem steilen Abhang zwischen hoch aufragenden Zypressen der **Palácio de Estói**, der Palast der Grafen von Estói. Der zweigeschossige Flügelbau war Ende des 18. Jh. im Rokokostil von den Grafen von Carvalhal erbaut worden. Nach dem Tod des letzten Erben kaufte 1893 der Pharmazeut José Francisco de Silva aus Beja den Gebäudekomplex. Seine Mühen um dessen Erhalt lohnte ihm der portugiesische König mit der Verleihung des Grafentitels. Der 1909 restaurierte Palast wirkt wie ein italienischer Palazzo und ist als solcher einzigartig an der Algarve. Der dazu gehörende **Park** im französischen Stil ist über mehrere Terrassen mit Teehaus, Wasserspielen und Statuen idyllisch angelegt. Seit 2009 erstrahlt der zur luxuriösen Pousada (www.pousadas.pt) umgebaute Palast mit neuen Nebengebäuden und Swimmigpool in frischem Glanz.

Am westlichen Ortseingang liegt das Grabungsgelände der **Ruínas Romanas de Milreu** (Tel. 289 99 78 23, Mai–Sept. Di–So 10–13 und 14–18.30 Uhr, Okt.–April 9.30–13 und 14–17 Uhr) mit den interessantesten römischen Ruinen der Region. 1887–1941 wurden hier Reste eines römischen Landhauses (1.–3. Jh.) freigelegt. Kanalisation, Thermen und feine Mosaike mit Fischen und anderen Wassertieren lassen auf einen wohlhabenden Hausherrn schließen. Zu der *Vila* gehört auch eine frühchristliche Basilika aus dem 4. Jh. mit weiteren Mosaiken. Daneben kam ein älterer römischer Tempel zum Vorschein.

Serra de Monte Figo

Die Serra de Monte Figo zwischen Estói und Moncarapacho ist der südlichste Ausläufer der Serra do Caldeirão, mit dem **Monte de São Miguel** als höchster Erhebung (410 m). Von seinem Gipfel öffnet sich ein weiter Blick über die Küstenebene von der Ria Formosa bis nach Tavira. Die Berge eignen sich hervorragend zum Wandern und Spazierengehen. Die zahlreichen **Tropfsteinhöhlen** der Region kann man aber nur auf eigene Faust und mit entsprechender Ausrüstung erkunden.

ℹ Praktische Hinweise

Hotel

****Monte do Casal**, Cerro do Lobo, Estói (4 km östlich von Estói Richtung Moncarapacho), Tel. 289 99 15 03, www.montedocasal.pt. Ruhig und landschaftlich herrlich gelegenes Anwesen um einen Landsitz aus dem 18. Jh. mit stilvoll eingerichteten Zimmern. Ein großes Schwimmbecken und ein Tennisplatz bieten Sportmöglichkeiten. Von der Terrasse unter Palmen kann man einen weiten Panoramablick genießen. Das Restaurant bietet gehobene französische Küche.

Zackenbarsch, Delphin und Qualle – noch nach Jahrhunderten erkennt man auf dem qualitätvollen Beckenmosaik von Milreu die abgebildeten Meeresbewohner

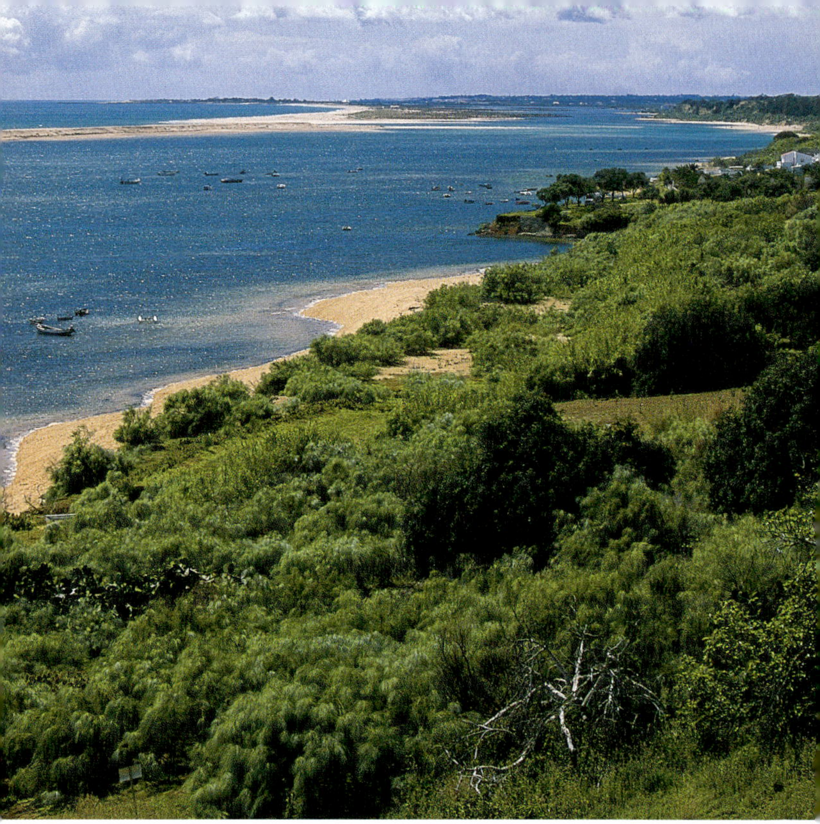

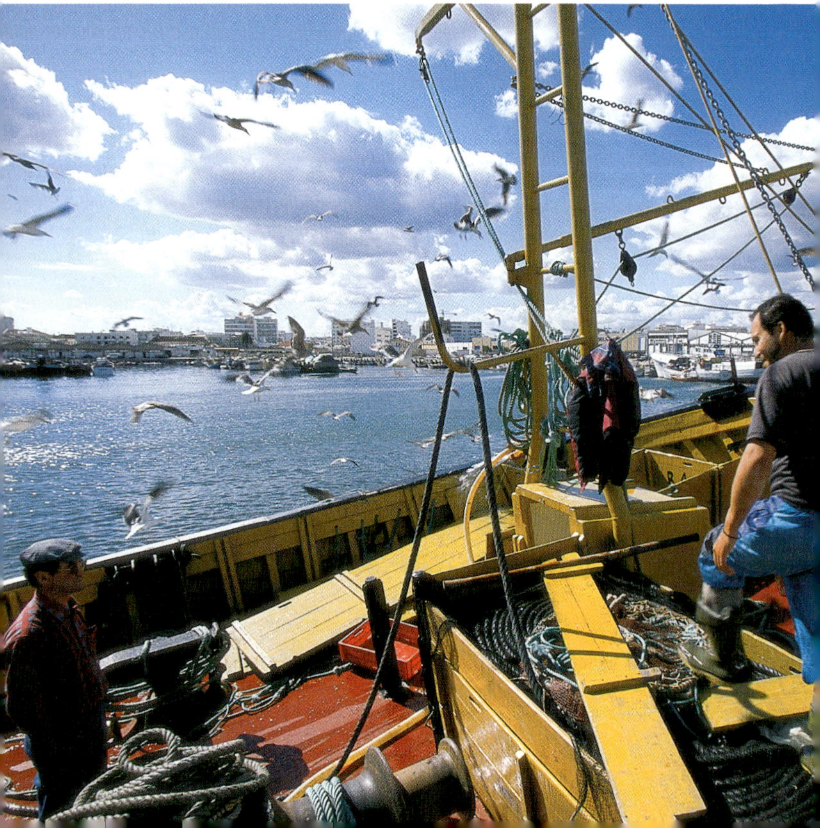

Sotavento – Lagunen, Marschen und viel Sand

Das östliche Drittel der Algarveküste, das ›vom Wind abgewandte‹ Sotavento, erstreckt sich vom Naturpark der **Ria Formosa** bei Faro bis zur Mündung des Rio Guadiana an der Grenze zu Spanien. Sandablagerungen vor der Küste schützen diese vor Gezeiten und Unwettern. Die seichten Gewässer und Feuchtgebiete der Lagune dienen einer vielfältigen Fauna und Flora als Lebensraum. Auf den flachen Sandbänken und Landzungen, den sog. **Ilhas**, den Inseln, locken Dünen und feine Sandstrände, die Ufer bieten mit einer rauen Meer- und einer ruhigen Binnenseite für jeden Badegeschmack etwas.

Weiße Häuser ragen aus der im Sonnenlicht gleißenden Fläche von Meer, Sand und Salinen. Viele von ihnen sind Teil der zu Feriensiedlungen erweiterten Fischerdörfer wie **Cabanas**, **Fuseta** oder **Santa Luzia**, alter Festungen wie **Cacela Velha** sowie zweier Städte: **Olhão**, der bedeutende Fischereihafen, und **Tavira**, die Schöne am Rio Gilão, die unbestrittene Königin dieser Küste.

9 Olhão

Lebendiger Küstenort mit dem wichtigsten Fischereihafen des Sotavento.

Olhão (20 000 Einw.) verdankt seinen Ruf, besonders arabisch zu sein, den verschachtelten, weißgekalkten, würfelförmigen Häusern in der Altstadt. Außerdem ist das Städtchen Heimathafen der größten **Fischereiflotte** der Algarve, und entlang der stets belebten Hafenpromenade locken zahlreiche **Fischlokale** mit fangfrischen, schmackhaft zubereiteten Köstlichkeiten des Meeres.

Geschichte Olhão wurde erst zu Beginn des 18. Jh. von Fischern aus Aveiro, die auf der Suche nach besseren Fischgründen ihre Heimat verlassen hatten, gegründet. Nach dem Erdbeben von 1755 entstand das Fischerviertel **Barreta**, das noch heute ebenso bodenständig wie pittoresk wirkt. Mit der Zeit wurden die schlichten Häuschen mit einfach gemauerten Räumen und flachen Dächern aufgestockt. Das Erscheinungsbild wird oft mit dem nordafrikanischer Siedlungen

In die seichten Wasser der Lagunen gelangen nur kleine Ausflugsboote (oben), während die großen Fischkutter weit aufs offene Meer hinausfahren (unten)

verglichen und poetische Geister betiteln Barreta gerne als ›Stadt des Kubismus‹.

Der Stolz der Einwohner gründet sich auf eine nette Anekdote: Als Olhão sich 1808 erfolgreich gegen napoleonische Truppen gewehrt hatte, fuhren 17 Fischer mit dem Boot *O Bom Sucesso* (Das gute Ereignis) über den Atlantik, um ihrem König im brasilianischen Exil vom Sieg zu berichten. Ans Ziel gelangt, erklärten sie gegenüber João VI. die Unabhängigkeit der Algarve. Der König erkannte diese zwar nicht an, gewährte dem Heimatort der wackeren Seeleute aber das Stadtrecht und den Beinamen *Olhão da Restauração*, Olhão der Restauration. Das Gedicht *O Novo Argonauta* von José Agostinho de Macedo (1761–1831) erzählt von dieser wichtigen Begebenheit.

Besichtigung Olhão liegt auf einer flachen Halbinsel der Lagune von Ria Formosa. Lebensader der Stadt ist die zentrale **Avenida da República** ❶, ein betriebsamer breiter Boulevard mit einigen Cafés und einer Reihe von Geschäften. Südlich geht die Hauptverkehrsstraße in die Fußgängerzone über, markiert durch die hoch aufragende **Igreja Matriz de Nossa Senhora do Rosário** ❷. Die einschiffige Pfarrkirche mit dem hohen Tonnengewölbe wurde Ende des 17. Jh. von hiesigen Fischern erbaut, um 1715 kamen die imposante barocke Fassade und der ausladende *Talha-Dourada-Altar* im Inneren hinzu. Vom nur etwa 10 m hohen **Kirchturm** (tgl. 10–12 und 16–17.30 Uhr) aus öffnet sich ein Blick über die Stadt mit ihren unzähligen Dachterrassen, von denen man früher nach den heimkehrenden Fischerbooten Ausschau hielt. Noch heute besuchen die Frauen der Fischer häufig die offene Kapelle an der Kirchenrückseite, die **Capela de Nossa Senhora dos Aflitos**. Wenn ihre Männer während eines Unwetters auf hoher See sind, zünden sie hier der Jungfrau Maria eine Kerze an, mit Bitte um Beistand. und Schutz.

Neben der Kirche Nossa Senhora da Soledade befindet sich das kleine Stadtmuseum **Museu da Cidade** ❸ (Praça da Restauração, Tel. 289 70 01 84, Di–Fr 10–12.30 und 14–17.30, Sa 10–13 Uhr). Im historischen Gebäude (1771) des *Compromisso Marítimo*, der einstigen Fischervereinigung, wird von der Archäologie bis zur Fischerei die gesamte Geschichte des Ortes anschaulich dokumentiert.

Am Ostrand der Stadt liegen die Hafenanlagen des **Porto de Pesca** ❹, der mit über 15 000 t angelandetem Fisch pro Jahr trotz rückläufiger Fangergebnisse, weniger Booten und Fischern der bedeutendste des südlichen Portugals ist. Ein Rundgang um das Hafenbecken vermittelt auch heute noch den romantischen Eindruck von See und Abenteuer. Möwen kreisen auf der Suche nach Futter. Zwischen Sportbooten und Fischerkähnen riecht es nach Fisch und Öl, auf den Kaimauern liegen überall Netze, Reusen und Leinen. Oft sind hier oder auf den Booten Berge von runden Tongefäßen zu sehen, Covos genannt, mit denen man Tintenfische fängt. An langen Seilen werden die Krüge über Nacht im Meer versenkt. Kraken und Kalmare suchen Schutz in den vermeintlichen Höhlen, aus denen es jedoch spätestens nach dem Einbringen der Tonkrüge kein Entrinnen mehr gibt.

Die nach Nordwesten verlaufende Avenida 5 de Outubro ist nicht zuletzt wegen ihrer hervorragenden Fischlokale einen Bummel wert. Von der Anlegestelle **Cais de Embarque** ❺ fahren die kleinen Fährboote (Sommer stündlich 7.30–20 Uhr, Winter vier Fähren tgl. 7–19 Uhr) zu den Stränden der vorgelagerten Badeinseln Culatra und Armona [s. S. 43]. Westlich davon liegen zwischen Avenida und Ufer die hübschen Blumenrabatten des

Jardim Patrão Joaquim Lopes **6**. Im Zentrum des Parks leuchten die frisch restaurierten roten Ziegelbauten des **Mercado 7** (Mo–Fr 7.30–13 Uhr). Eine der beiden flachen, lang gestreckten Hallen ist dem Verkauf von Fisch und Meeresfrüchten vorbehalten, in der anderen werden Obst und Gemüse feilgeboten. In den umliegenden Imbissstuben gibt es frische Petiscos, köstliche Kleinigkeiten.

Ilha da Armona

Ein Boot legt die Strecke Olhão–Armona in etwa 20 Minuten zurück. Die flache, gut 6 km lange Sandbank südöstlich vor der Küste ist ringsum von Stränden gesäumt. Gleich neben dem Anlegesteg beginnt ein buntes Gewimmel von Badehütten, Fischerhäuschen und Bungalows. Besonders an den Sommerwochenenden geht es hier hoch her. Der fröhliche Badetrubel nimmt im gleichen Maße ab, in dem man sich von der Ansiedlung entfernt. Besonders beliebt ist der feinsandige Strand *Praia da Armona* an der Südseite.

Ilha da Culatra

Auf der westlichen Nachbarinsel Culatra, die im Laufe der Gezeiten durch Sandablagerungen mit der *Ilha do Farol* zusammengewachsen ist, ist weniger Betrieb als auf Armona, obwohl sich auf insgesamt 4 km Länge drei schöne Strände erstrecken. Die Boote von Olhão kommen nach einer halbstündigen Fahrt beim **Praia da Culatra** nahe der kleinen gleichnamigen Fischersiedlung im Osten an. Eine Viertelstunde länger dauert die Fahrt zum westlichen Ende, wo an der **Praia do Farol** ein 28 m hoher Leuchtturm den südlichsten Punkt Portugals markiert. Um den Turm scharen sich einige Wohnhäuschen und einfache Lokale. Etwa auf der Mitte der Uferlinie liegt der ebenfalls wunderschöne, weniger frequentierte Sandstrand **Praia da Hangares** bei einem alten eingezäunten Militärübungsplatz.

i Praktische Hinweise

Information

Posto de Turismo, Largo Sebastião Martins Mestre 8 A, Olhão, Tel. 289 71 39 36, www.visitalgarve.pt

Hotel

***Pensão Residencial Bela Vista, Rua Teófilo Braga 65–67, Olhão, Tel. 289 70 25 38. Sehr nette Pension in der

In strahlendem Weiß erhebt sich die Kuppel der Igreja Matriz über Olhão

Nähe des Marktes. Es gibt nur wenige Zimmer, einige haben ein Bad.

Restaurants

À-Do-João, Ilha do Farol, Tel. 289 714 209, www.adojoao.com. Im Strandlokal zwischen Leuchtturm und Bootsanleger tischt man ganzjährig Grillgerichte auf.

O Tamboril, Avenida 5 de Outubro 174 A, Olhão, Tel. 289 71 46 25. An der Uferstraße gelegenes Restaurant mit Terrasse dorthin. Große Auswahl an Fisch- und Reis-Eintopfgerichten, Caldeiradas und Cataplanas. Nach der Spezialität Seeteufel ist das Lokal benannt.

Bürgerlicher Wohlstand des 18. Jh. prägt die hübsche Altstadt von Olhão

10 Ria Formosa

*Vogelparadies im Feuchtgebiet –
Lagunen, Sandbänke und Meer.*

Der **Parque Natural da Ria Formosa**
reicht von Vale do Lobo westlich von Faro
bis Manta Rota östlich von Tavira. Er umfasst den knapp 60 km langen Bereich
zwischen Küstenstraße 125 und Meer –
18 400 ha auf dem Festland, in der Lagune
und auf den vorgelagerten Sandbänken.
Der 1987 ausgewiesene Naturpark soll die
außergewöhnliche Küstenlandschaft vor
weiterer Zersiedelung und Zerstörung
durch den Menschen bewahren. Dieses
Ziel verträgt sich mit der traditionellen
Nutzung der Lagune für Muschel- und
Fischzuchten, Salinen sowie einer kont-
rollierten Landwirtschaft.

Die Ria Formosa, die schöne Lagune, ist
das reichhaltigste **Ökosystem** der portugiesischen Küste. Hier leben allein 40
Fischarten, 30 Reptilien- und Amphi-
bienarten, sogar Kaimane, sowie mehrere
hundert unterschiedliche Krustentiere.
Das Wasser der durch die Sandbänke
abgeschirmten Lagune ist wärmer als
das offene Meer und hat durch starke
Verdunstung und relativ geringen Was-
seraustausch in der Regel auch einen
höheren Salzgehalt. In diesem speziellen
Lebensraum gedeihen Schalentiere besonders gut. Rund 80 % der nationalen
Produktion stammt aus der Ria. Gleichzeitig ist das ruhige, seichte Wasser die ideale Kinderstube für Fischnachwuchs.

Mehr als 200 **Vogelarten** wurden in
dem geschützten, klimatisch milden und
futterreichen Gebiet gezählt. Viele von
ihnen überwintern hier, andere, wie z. B.
Pfeif-, Löffel-, Krick- und Tafelenten, machen lediglich Rast auf ihren Flügen zu
den Winterquartieren in Nordafrika und
auf dem Rückweg gen Norden. Zahlreich
sind auch die einheimischen Wattvögel
wie Alpenstrandläufer, Pfuhlschnepfen,
Kiebitzregenpfeifer und das Purpurhuhn,
das hier seine Brutplätze hat und zum
Wappentier des Parks auserkoren wurde.

Im Naturpark werden auch regionalty-
pische Kulturformen wie Salinen, Schöpf-
räder oder Gezeitenmühlen bewahrt.
Außer den Bewohnern der größeren
Ortschaften wie Fuseta, Olhão, Tavira
oder Faro leben weitere 7500 Menschen
ständig im Bereich des Parkgebietes, eine
Zahl, die sich im Sommer durch Urlaubsgäste allerdings verdreifacht.

Zu den Inseln genannten, langge-
streckten von Dünen geprägten Sandbänken gehören die *Ilha da Barreta*,
Culatra, *Armona*, *Tavira* und *Cabanas*
sowie die Landzungen von *Ancão* und
Cacela. Im Bereich von Olhão und Tavira
dehnt sich zwischen Inseln und Festland
eine großflächige **Lagune** aus, deren
sumpfige Eilande bei Ebbe trockenfallen.
Zwischen ihnen verlaufen Priele, von denen einige, die *Barras*, durch Ausbaggern
tief genug gehalten werden, um flachen
Fähr- und Fischerbooten den notwendi-
gen Tiefgang zu gewähren.

Am Ostrand von **Olhão** befinden sich
der Eingang zum Park und das **Centro de**

*Ein besonderes Naturerlebnis sind Ausritte in
der abwechslungsreichen Ria Formosa*

Educação Ambiental de Marim (CEAM, Tel. 289700210, http://portal.icnb.pt, tgl. 9–17.30 Uhr), das Informations- und Umweltbildungszentrum. Die dazugehörige Ausstellung bietet interessante Dokumentationen zum empfindlichen Ökosystem der Lagune, zur Tier- und Pflanzenwelt, sowie zum einst bedeutsamen Thunfischfang [s. S. 52]. Auf dem Gelände liegt außerdem eine Pflegestation für verletzte Tiere, vor allem Vögel. Weiterhin werden hier auch die **Cães de Água**, die portugiesischen Wasserhunde, gezüchtet. Die pudelähnliche Hunderasse mit Schwimmhäuten zwischen den Zehen kann bis zu 4 m tief tauchen und unterstützte bis weit ins 20. Jh. hinein die Algarve-Fischer bei der Arbeit.

Ein etwa 3 km langer **Naturlehrpfad** (Dauer etwa 90 Min.) durch die Ria Formosa beginnt in der Nähe des Zentrums. Er führt durch die wichtigsten Landschaften wie Pinienwald, Dünen, Strandlagunen, Salz- und Feuchtwiesen. Mitunter kann man hier Störche bei der Nahrungssuche beobachten. Endpunkt ist eine **Moinho de Maré**, eine der wenigen erhaltenen Gezeitenmühlen. Wie vor 200 Jahren wird sie noch heute angetrieben durch das Ein- und Ausströmen des steigenden bzw. fallenden Meerwassers in ein Becken.

ℹ Praktische Hinweise

Camping
***Parque de Campisimo de Olhão**, Pinheiros de Marim, östlich von Olhão am Eingang zum , Tel. 289700300, www.sbsi.pt. Weitläufiger, baumbestandener, ruhiger Platz zwischen der Durchgangsstraße EN 125 und der wenig befahrenen Bahnlinie. Zwei Schwimmbecken, Tennisplatz und Restaurant.

11 Fuseta

Die kleine Schwester von Olhão besticht durch Beschaulichkeit und schöne Strände.

Das Mündungsdelta des Rio Fuseta, der am 15 km entfernten Monte São Miguel (410 m) entspringt, bietet zunächst dem kleinen bunten Fischerort und Hafen von Fuseta (2000 Einw.) Raum. Anschließend geht es in ein ausgedehntes, von Salinen durchsetztes Sumpfgebiet über. Fuseta ist ein nach dem Erdbeben von 1755 ent-

Weißes Gold und hartes Brot

Im Allgemeinen eignet sich die Atlantikküste nicht für die **Salzgewinnung**, da Gezeiten und Sturmfluten die Salinen überschwemmen und Salzablagerungen fortwaschen. Eine Ausnahme bildet die geschützte Algarveküste des Sotavento: Den hohen Salzgehalt der seichten Gewässer und die feuchten Flächen der Lagunenlandschaft nutzten schon die Römer, um Salz zu gewinnen. Damals wie heute umschließen Dämme die Salzgärten genannten Becken, die zwischen Mai und September wiederholt mit Meerwasser geflutet und dann der Sonne ausgesetzt werden. Das Wasser verdampft, das Salz kristallisiert aus und bleibt als harte Kruste auf dem Boden zurück. Diese wird aufgebrochen, zusammengeharkt und zu glitzernden Bergen von bis zu 10 m Höhe aufgehäuft. Dann wird das grobe Salz verpackt oder weiter verarbeitet. Die Arbeit in den Salinen ist hart, körperlich schwer und schlecht bezahlt, dazu kommen das grelle Licht, die Hitze und die Aggressivität des Salzes.

Ein Weg durch die frei zugänglichen, mehrere hundert Hektar umfassenden **Salinen** von Castro Marim oder Olhão ist spannend – nicht zuletzt wegen der hier zu beobachtenden **Flamingo-Kolonien** –, aber auch nicht ganz ungefährlich. Nicht alle Dämme sind solide bzw. rutschfest gebaut, und das Labyrinth von Dämmen wird immer wieder von Wasserläufen durchschnitten.

standener Ort mit kubischen Häusern, geraden Straßen und rechtwinkligen Kreuzungen. An der Rua da Liberdade weitet sich eine dieser Kreuzungen zum quadratischen, baumbestandenen Platz, um den sich ein paar Geschäfte und drei Lokale gruppieren. Auf deren Terrassen kann man entspannt das Kleinstadtleben an sich vorbeiziehen lassen, während man den lokalen Wein kostet.

Vom Turm der **Igreja Matriz** auf einer Anhöhe am östlichen Ortsrand überblickt man das Städtchen, einige Salinen und die Lagune mit vorgelagerter Sandbank. Letztere ist eigentlich eine Verlängerung der Insel Armona [s. S. 43], die hier mir der **Praia da Fuseta** lockt, denn wie an allen Stränden der Ria Formosa sind die Bedingungen für **Windsurfer** und andere Wassersportbegeisterte auch hier fast immer ideal.

Fischereihafen und Küstensaum von Fuseta wurden Ende der 1990er-Jahre neu gestaltet, die Sandflächen an der Ria sind zu ihrer Befestigung bepflanzt. Holzstege führen zur **Anlegestelle**, von der regelmäßig Fährboote (Juli–Sept.) zur Sandbank ablegen, obwohl man diese bei Ebbe auch zu Fuß erreichen kann.

Macht man einen **Strandspaziergang** an der Küste entlang, findet man im Osten wie im Westen die Ruinen alter Siedlungen. Im 15. Jh. gab es hier mit Alfanxia, Bias und Cumeada eine Reihe von Festungen, die den Hafen an der Flussmündung gegen Piraten verteidigen sollten.

ℹ Praktische Hinweise

Hotel
Monte Alegre, Apartado 64, Fuseta (ca. 1 km nordwestlich), Tel. 289 79 42 22, www.monte-alegre-algarve.de. *Turismo rural* unter deutscher Leitung. Apartments inmitten der grandiosen Landschaft des Naturparks der Ria Formosa. Vielfältiges Freizeitangebot, u. a. Fahrradverleih und Ausritte zu Pferd.

Restaurant
Capri, Rua da Liberdade, Fuseta, Tel. 289 79 31 65. Die Gäste des einfachen Speiselokals freuen sich über frische Tagesgerichte zu moderaten Preisen.

12 Moncarapacho

Das Städtchen im bäuerlichen Küstenhinterland hat seinen Charakter bewahrt.

Im Hinterland von Olhão liegt das niedrige Vorgebirge *Barrocal*. Auf den lehmigen Böden seiner südlichen Ausläufer gedeiht der gute Wein, der unter dem Etikett ›Vinho de Fuseta‹ firmiert. In dieser Region ist Moncarapacho mit 7500 Einwohnern eine der größeren Ortschaften. Sie ist noch heute ländlich geprägt, auch wenn der Bauboom der Algarve längst über den Ort hinweggerollt ist.

Etwa 100 m oberhalb der Kirche **Igreja Matriz** mit ihrem schönen Renaissanceportal steht an der Hauptstraße die kleinere, mit Azulejos aus dem 17. Jh. dekorierte **Ermida de Santo Cristo**. Nebenan

präsentiert das **Museu Paroquial** (Tel. 289 79 21 91, Mo–Fr 11–17 Uhr) eine kleine, aber bemerkenswerte Sammlung von römischen Funden über mittelalterliche Heiligenfiguren bis hin zu Statuen des 16.–18. Jh., darunter eine neapolitanische Terrakottakrippe.

ℹ Praktische Hinweise

Restaurant
Casa de Pasto Do Carmo, Rua da Boavista, Quelfes, Tel. 289 72 24 06. Großes, freundliches, portugiesisches Restaurant im Villenviertel am nördlichen Ortsrand. Vor allem an Wochenenden wird hier anlässlich von Familienfeiern gern ausgiebig getafelt.

13 Luz de Tavira

Gärten und Weinberge prägen die Gegend.

Das fruchtbare Schwemmland um Luz de Tavira wurde bereits um das 3. Jh. besiedelt, wie Ausgrabungen der römischen Siedlung *Balsa* in *Quinta das Antas* belegen, das 1 km südöstlich von Luz liegt. Später lebten hier Mauren, die für die Landwirtschaft erforderliche Bewässerungssysteme einführten. Nach der Reconquista siedelten sich Fischer an. Im 16. Jh. kultivierten Landadlige um Luz de Tavira Obst-, Öl- und Johannisbrotbäume, sowie Gemüse und Wein. Ihre villenartigen Wohnsitze auf den Anhöhen mit gutem Blick über die Felder und das Meer bestehen teils noch heute und tragen klangvolle Namen wie *Belmonte* (schöner Berg) oder *Torre de Ares*.

Luz de Tavira (4000 Einw.) ist durch die viel befahrene Durchgangsstraße N 125 stark belastet. Die im 16. Jh. errichtete **Igreja Matriz** am Hauptplatz ist eine der ältesten der Gegend. Sie hat das Erdbeben 1755 unbeschadet überstanden und birgt deshalb hinter dem schönen manuelinischen Portal seltene, aus Sevilla importierte polychrome Fliesen des 16. Jh.

Von der Feriensiedlung **Pedras d'El Rei** östlich von Luz führt eine Fußgängerbrücke auf die vorgelagerte Sandbank *Ilha de Tavira* [s. S. 51]. Im Sommer fährt ein Bähnchen von der Brücke 2–3 km quer über die Insel zur feinsandigen **Praia da Barril**, wo sogar ein Strandlokal auf Gäste wartet.

Reihenhäuschen mit Swimmingpool – viele Urlaubsträume erfüllen sich in Pedras d'El Rei

Santa Luzia

Von Pedras d'El Rei aus ist die Küstenstraße zum 2 km entfernten Santa Luzia zu einem breiten Strandboulevard ausgebaut. In der malerischen **Fischerkolonie** mit kleinen bunt gefliesten Häuschen findet morgens am Hafen ein Fischmarkt statt. Allerdings bleibt er im Sommer unter Umständen geschlossen, da der Fischfang in dieser Zeit zum Schutz der Tiere verboten ist. Die Restaurants ringsum servieren dennoch frischen Fisch, vor allem Tintenfisch, die Spezialität des Ortes.

ℹ️ Praktische Hinweise

Restaurant

Baixamar, Avenida Duarte Pacheco 26, Santa Luzia, Tel. 281 38 11 84. Freundliches Restaurant gegenüber dem Fischmarkt. Das Personal gibt gerne Auskunft über den frischesten Fisch im Angebot.

14 Tavira

Traditionsreicher Flusshafen mit reizvoller Altstadt.

Klassizistische Häuser mit spitzen ziegelgedeckten Walmdächern säumen die reizvollen Gassen Taviras (10 000 Einw.) an den hügeligen Ufern des Rio Gilão. Der direkte Zugang zum Meer liegt etwa 2,5 km südlich des regen Marktortes.

Geschichte   Auf den Resten iberischer und römischer Vorgängersiedlungen entstand an der Mündung des Gilão eine wohlhabende maurische Ortschaft, die vom Obst- und Gemüseanbau in der bewässerten, fruchtbaren Flussaue lebte. Sie wurde 1242 durch Dom Paio Peres Correia, den Großmeister des Santiagoritterordens, eingenommen. König Dinís ließ das reiche Tavira Anfang des 14. Jh. befestigen, Manuel I. verlieh der damals größten Ansiedlung der Algarve Anfang des 16. Jh. das Stadtrecht.

Doch durch das Erdbeben 1755 wurde Tavira weitgehend zerstört. Den Wiederaufbau leitete Francisco Gomes de Avelar, der Bischof von Faro. Noch heute bestimmen die damals errichteten ein- bis zweistöckigen schmucken **Bürgerhäuser** das Bild der Stadt. Bis 1920 waren die Fischer von Tavira berühmt für ihren **Thunfischfang**. Aber durch das Ausbleiben der Thunfischschwärme und die Versandung des Flusshafens verlor Tavira an Bedeutung und wandte sich verstärkt der Zucht von Muscheln und Schalentieren zu. Heutzutage spielt auch der Tourismus in dem herausgeputzten, hübsch restaurierten Städtchen eine große Rolle.

Besichtigung   Der Rio Gilão teilt Tavira in zwei Teile. Drei Brücken verbinden im Stadtgebiet die beiden Ufer, deren älteste, die **Ponte Romana** ❶, römische Fundamente und sieben Bögen aufweist. Sie

Sorgfältig ausgearbeitete Details zieren das Portal der Igreja da Misericórdia

war einst Bestandteil der römischen Straße von Mértola nach Faro. Eine Gedenktafel an der Brücke erinnert an die Niederlage, die der kastilische König Juan I. im 14. Jh. an diesem Flussübergang erlitt.

Am rechten Ufer mündet die Ponte Romana auf die **Praça da República ❷**,

das Zentrum von Tavira. Am Platz treffen sich die Männer des Ortes, entweder in einem der umliegenden Cafés oder unter den Schatten spendenden Arkadengängen des Rathauses. Der Platz geht flussabwärts über in die palmengesäumte Uferpromenade **Rua do Cais ❸**, an deren Ende die frühere Markthalle **Mercado Municipal ❹** liegt, in der man heute Kunsthandwerk erstehen kann. Ringsum finden sich zudem die meisten Geschäfte des Ortes, zu deren Angebotspalette auch Souvenirs gehören. Von der Praça da República führen ansteigende Gassen zu kleinen romantischen Plätzen in der Altstadt. Wer im Sommer bummeln möchte ohne zu sehr zu schwitzen, besucht im ehemaligen Wasserturm der **Câmara Obscura ❺** *(Calçada da Galeria 12, Juni–Sept. tgl. 10–20 Uhr, Okt.–Mai tgl. 10–18 Uhr).* Über Spiegel und Linsen werden Bilder von Gassen, Autos oder Booten in den Raum projiziert und erklärt.

Folgt man von der Südwestseite der Praça da República der *Rua da Galeria* durch ein Tor der äußeren Burgmauer, gelangt man zur dreischiffigen, 1541 errichteten **Igreja da Misericórdia ❻**. Im Wettstreit mit der Kirche von Moncarapacho rühmt auch sie sich, das schönste Renaissanceportal der Algarve zu besitzen. Über dem Eingang steht die Statue einer barmherzigen Jungfrau Maria, flankiert von Engeln, den Aposteln Petrus und Paulus sowie von den Wappen Portugals und Taviras. Innen beeindrucken

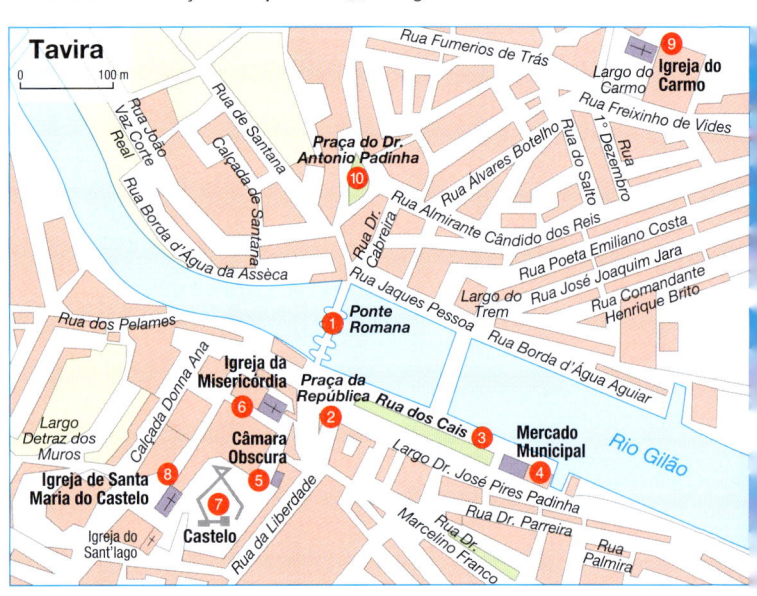

Szenen der Barmherzigkeit zeigen die Azulejotableaus in der Igreja da Misericórdia

ein prunkvoller *Talha-Dourada*-Altar und weiß-blaue Fliesen aus dem 18. Jh., die das Thema der Barmherzigkeit in verschiedenen großangelegten Szenen darstellen. Ungewöhnlich ist die Gestaltung der Säulenkapitelle mit Masken.

Weiter aufwärts gelangt man zum **Castelo** 7 (Juni–Sept. Mo–Fr 8–17, Sa/So 10–19, Okt.–Mai tgl. 9–17 Uhr), der einstigen maurischen Burg, die heute nur noch aus Teilen der Umfassungsmauer und einem hübschen Park besteht. Von oben bietet sich ein atemberaubender Blick auf den silbern glitzernden Fluss, die charakteristischen roten Walmdächer und die zahllosen Kirchtürme von Tavira.

Neben der Burg wurde auf den Fundamenten der zerstörten Moschee die **Igreja de Santa Maria do Castelo** 8 (Mo–Fr 10–17 Uhr) erbaut, eine im Kern gotische Kirche, die im 18. Jh. weitgehend originalgetreu rekonstruiert wurde. Ein Blick ins Innere lohnt nicht zuletzt wegen der schön dekorierten Kapellen, etwa der manuelinischen des *Senhor dos Passos* (zweite links) mit Azulejos aus dem 17. Jh. An der linken Wand der Chorkapelle sind die Grabplatten von sieben Santiagorittern aus der Zeit der Reconquista zu sehen, die angeblich während eines Waffenstillstands von den Mauren hinterrücks ermordet wurden. Daraufhin stürmten die Christen die Stadt und legten sie in Schutt und Asche. Der Großmeister des Ordens, Dom Paio, soll später

den Wunsch geäußert haben, am selben Ort wie die sieben Ritter beerdigt zu werden. Es ist allerdings nicht belegt, ob seine Gebeine nun wirklich in dieser Kirche ruhen.

Wählt man den rückwärtigen Abstieg von der Burg an der schlichten *Igreja do Sant'Iago* vorbei, gelangt man über die Rua da Liberdade in ein weiteres altes Stadtviertel, in dem sich Hotels, ein Kino, Werkstätten und vereinzelte Geschäfte befinden. Hier und da hat ein historisches Gebäude das Erdbeben überstanden,

Am sichersten schreitet man die Wehrmauern des Castelo Hand in Hand ab

Die untergehende Sonne taucht Hafen und Altstadt von Tavira in zauberhaftes Licht

und in der *Travesía de Dona Brites* weist man stolz auf die einzigen gotischen Zwillingsfenster des Ortes hin.

Auf der nördlichen Flussseite führt die von vielen Geschäften und Restaurants gesäumte *Rua Almirante Cândido dos Reis* geradewegs aus der Stadt hinaus, während die Seitenstraßen zur Anhöhe mit der **Igreja do Carmo** 9 ansteigen. Die äußerlich einfache Kirche aus der zweiten Hälfte des 18. Jh. ist wegen ihrer barocken Innenausstattung sehenswert: komplett mit *Talha-Dourada*-Altar, geschnitztem Chorgestühl und Orgel. Im ehemaligen Konvent der Kirche wurde das kleine Wissenschaftsmuseum **Centro de Ciência Viva** (Tel. 281 32 62 31, www.tavira.cienciaviva.pt, Di–Fr 10–18, Sa/So 14–18 Uhr) eröffnet, das sich in experimenteller und didaktischer Weise besonders mit Wasser und Energie befasst.

Das Stadtviertel im Westen um die zurückhaltend begrünte **Praça do Dr. Antonio Padinha** 10 wurde von Heimkehrern aus den portugiesischen Kolonien erbaut. Hier ist manch prächtige Villa mit bunter Fliesenfassade, kunstvollenr Holztür oder dekorativem Türmchen zu entdecken. In Flussnähe konzentrieren sich Restaurants, Bars und Clubs in denen sich am Wochenende die Jugend tummelt.

Über die Ponte Romana führt der Weg stadtauswärts zum Weiler **Moinhos da Rocha**. Die schmale Straße folgt dem Rio Gilão, der am Oberlauf Rio Assêca bzw. Rio Séqua heißt. Zu jeder Jahreszeit lohnt dieser Ausflug in eine vom Tourismus so gut wie unberührte Welt, vorbei an Kaki- und Granatapfelbäumen, durch Olivenpflanzungen und Orangenhaine. In sumpfigen Bereichen quert man ganze Wälder von meterhohem spanischem Rohr. Nach etwa 4 km, jenseits des Autobahnzubringers, endet die Straße an einer kleinen Brücke. Am besten parkt man hier und geht zu Fuß weiter in das Tal von Moinhos da Rocha. Ganz in der Nähe der Wohnhäuser bildet der Fluss wunderbare Badebecken.

Ilha de Tavira

Etwa 4 km außerhalb der Stadt mündet der Rio Gilão in die Ria Formosa. Hier befindet sich neben Imbissständen und Restaurants die Anlegestelle **Quatro Águas**. Von hier aus fahren Boote (im Hochsommer tgl. 8–24 Uhr, viertelstündlich, sonst 8–20 Uhr, halbstündlich) zur Ilha de Tavira hinaus. Die 14 km lange Sandinsel ist geprägt von Dünen und licht bewachsen mit Pinien. Besonders beliebt sind die Strände **Praia da Cascas**, **Praia de Tavira** und **Praia da Barril**. Letztere liegt schon auf der Höhe von Pedras d'El Rei [s. S. 46]. Es sind allesamt saubere Strände, die flach abfallen und teilweise von Rettungsschwimmern überwacht werden. Also die idealen Tummelplätze für Familien mit kleinen Kindern. Auf der Ilha de Tavira gibt es einen Campingplatz, ein Sportcenter für Windsurfer, Taucher und Wasserskiläufer und Abschnitte für Nudisten. Es schließen sich viele Kilometer fast menschenleerer Sandstrände an.

ℹ Praktische Hinweise

Information

Posto de Turismo, Praça do Municipio 5, Tavira, Tel. 281 32 25 11, www.cm-tavira.pt

Einkaufen

Azulejo Azul, Rua Terreiro do Garção 27, Tavira, Tel. 281 32 52 35. Souvenirgeschäft mit stilvollen Handwerksprodukten, von handbemalten Kacheln über Keramik bis zu handgearbeiteten Textilien.

Camping

Camping Tavira, Ilha de Tavira, Tel. 281 32 17 09, www.campingtavira.com. Auf der Sandbank vor Tavira gelegener, ruhiger Zeltplatz, der nur mit dem Boot von den Anlegestellen Rua dos Cais oder Quatro Águas zu erreichen ist. Pinien bieten etwas Schatten. Himmlisch für Naturliebhaber, die den ganzen Sommer zwischen Sand, Sonne und Meer verbringen wollen.

Hotels

****Convento de Santo António**, Rua de Santo António 56, Tavira, Tel. 281 32 15 73. Das in eine erstklassige Pension umgewandelte alte Franziskanerkloster bietet schöne Zimmer, einen Klostergarten mit Bananenstauden und einen beeindruckenden Panoramablick von der oberen Galerie des Kreuzgangs aus (Jan. geschl.).

****Quinta do Caracol**, Rua de Sao Pedro 11, Tavira, Tel. 281 32 24 75, www.quintadocaracol.com. Nett ineinander verschachtelte, rustikale Häuschen, blumenumrankte Terrassen und ein idyllischer Garten machen den Charme des Anwesens am Stadtrand aus. Mit Swimmingpool und Tennisplatz.

***Marés**, Rua José Pires Padinha 134–140, Tavira, Tel. 281 32 58 15, www.residencial mares.com. In dem schönen Altbau am Flussufer bieten 24 ordentliche Zimmer einen unübertrefflichen Blick. Im Erdgeschoss befindet sich ein nettes Restaurant.

Ein reiches Angebot an bunter Keramik halten die Töpfereien um Tavira bereit

Abenteuer der Vergangenheit

Lange Zeit war der **Thunfischfang** eine der wichtigsten Einnahmequellen an der Algarve. In den Monaten April bis Juli wurden riesige Netzkonstruktionen ausgebracht, so genannte **Armações**. Über 500 000 m² Netze, mehr als 100 t Kork und bis zu 500 Anker mit einem Gewicht von je 500–800 kg waren in solchen Anlagen verarbeitet, die als komplizierte Leit- und Fangsysteme vor der Küste verankert wurden. Sie lenkten ganze Thunfischschwärme in flache küstennahe Gewässer. Dort warteten bis zu 100 Fischer in offenen Booten auf ihre fette Beute. Mithilfe von Harpunen und Bootshaken zog man die in Panik geratenden Tiere an Bord. Thunfische können mehrere Meter lang und fast eine Tonne schwer werden, und sie lieferten sich bis zu ihrem blutigen, oft grausamen Ende erbitterte Kämpfe mit den Menschen.

Seit 1972 hat diese Art des Thunfischfangs ein **Ende**, denn plötzlich zogen die Schwärme andere, für sie weniger gefährliche Wege – niemand weiß, warum. Die Küstenbewohner mussten sich wieder einmal von alten Traditionen verabschieden. Da inzwischen die Thunfischbestände durch Überfischung arg dezimiert sind, sollte man übrigens besser auf den Genuss des festen Fleischs verzichten.

Restaurants

Brisa do Rio, Rua Dr. Augusto Silva Carvalho 6–8, Tavira, Tel. 966 94 79 12. Kleines Lokal mit schmackhaften regionalen Spezialitäten, die bei gutem Wetter auch an Tischen auf der schmalen Gasse serviert werden (Mi geschl.).

O Pátio, Rua António Cabreira 30, Tavira, Tel. 281 32 30 08. Elegantes Lokal mit wunderschöner Aussichtsterrasse und frisch zubereiteten Spezialitäten der Region (So geschl.).

Quatro Águas, Quatro Águas, Tavira, Tel. 281 32 53 29. Das gut besuchte Restaurant in der Nähe des Fähranlegers bietet ausgezeichnete regionale Küche, vor allem Fischgerichte. Gratis dazu gibt es schöne Panoramablicke über die Lagunenlandschaft des Parque Natural da Ria Farmosa (Mo geschl.).

15 Cabanas und Cacela Velha

Feriendörfer und verlassene Festungen zwischen Feldern und Obstplantagen.

Im Osten von Tavira erstreckt sich beiderseits des Rio Almargem eine fruchtbare Ebene mit Feigen-, Mandel-, Johannisbrot-, Öl- und Obstbäumen. Dazwischen liegen vereinzelt Ferienanlagen, die ideal für einen ruhigen Familienurlaub sind. **Cabanas** ist das Zentrum dieser Tourismusregion. Die Gassen um die Hauptstraße, die schnurstracks auf die Ria Formosa zuläuft, lassen das ursprüngliche Fischerdorf noch erkennen, aber die Uferstraße mit ihren Kneipen und Restaurants ist komplett auf die Touristen ausgerichtet. Um das Dorf liegen mehrere Ferienhaussiedlungen, meist mit Tennisplätzen und Swimmingpools Doch die Mehrheit der Urlauber zieht es zum Baden und Sonnen auf die vorgelagerte Landzunge, an den kilometerlangen goldenen Sandstrand **Praia de Cabanas**.

Am östlichen Ortsrand von Cabanas endet die asphaltierte Straße in einem malerischen Pinienwäldchen, aus dem die Festung von **São João da Barra** hervorlugt, die Ende des 18. Jh. zum Schutz gegen Piratenüberfälle angelegt und inzwischen zum Hotel umgebaut wurde. Hier beginnt die wildromantische **Steilküste**, an der einer der schönsten Spazierwege der Sandalgarve entlangführt. Unterwegs zu dem rund 5 km entfernten Ort Cacela Velha bieten zahlreiche Aussichtspunkte immer wieder neue, traumhafte Blicke über die Lagune und die vorgelagerte Sandbank. Niemand stört die Ruhe: Möwen und Fischreiher staksen auf der Suche nach Futter durch das seichte Wasser, ein paar Segelboote liegen vor Anker und irgendwo in der Ferne schreit ein Esel. Die ›Zivilisation‹ erreicht man erst wieder bei **Fábrica**. Die dortigen netten Speiselokale sind längst Publikumslieblinge.

Von Fábrica aus ist es zu Fuß keine halbe Stunde zur markanten Festung von **Cacela Velha**. Sie stammt aus dem Jahr 1794 und war in den Miguelistenkriegen Anfang des 19. Jh. heiß umkämpft. Das alte Cacela Velha bewahrte sein Aussehen und blieb bis heute auf das beschränkt, was innerhalb der Mauern Platz hat: zwei Dutzend Häuser, eine stolze Renaissancekirche, ein

Ob im Hotelpool oder jenseits der Dünen im Meer – Badefreuden bei Manta Rota

Friedhof und ein winziger Leuchtturm. Die wenigen Einwohner bestellen einige Austernbänke in der Lagune und ertragen mit Fassung die Besuchermassen, die täglich ihr malerisches Dorf besuchen.

Manta Rota

Bei Manta Rota geht die Landzunge in den Küstensaum über, der hier den breitesten (bis zu 150 m) und längsten Strand der Sandalgarve vorweist, abschnittweise als **Praia de Manta Rota** und als **Praia de Alagoa** bezeichnet. Er bietet ausreichend Liegefläche für Sonnenanbeter, die flachen Gewässer sind ein Paradies für Badefreunde und Surfanfänger. An dem etwa 5 km langen Abschnitt zwischen Manta Rota und der **Praia Verde** bei Monte Gordo liegen mehrere Feriendörfer, Apartmenthäuser, ein Campingplatz sowie Strandlokale zwischen lichten Pinienwäldern, Dünen und Strand.

ℹ️ Praktische Hinweise

Hotels

Casa Vale del Rei, Almargem, Tel. 281 32 30 99, www.casavaledelrei.co.uk. Etwa 150 m hinter der alten Brücke über den Rio Almargem und ca. 500 m nördlich der EN 125 liegt dieses idyllische Landhaus mit sieben Zimmern. Fahrradverleih, Pool und Reitangeboten.

Forte São João da Barra, Cabanas, Tel. 281 37 04 95, www.fortesaojoaodabarra.com. Heute fühlen sich hinter den massiven Bastionen aus dem 18. Jh. die Gäste des kleinen exklusiven Hotels geborgen.

Alte Architektur und modernes Design prägen die 10 individuell eingerichteten Zimmer. Das Freizeitangebot richtet sich speziell an Naturfreunde.

Restaurants

Bate que eu abro, Rota do Sol, Altura, Tel. 281 95 66 56. In dem originellen kleinen Lokal ›Klopf an und ich öffne‹ erhält man in traulicher Umgebung traditionelle Gerichte, wie z. B. Schweinebacke.

Costa, Cacela Velha, Fábrica, Tel. 281 95 14 67. Das Strandlokal mit schilfrohrüberdachter Terrasse ist bekannt für seine Grillgerichte und Meeresfrüchte.

Pedro, Rua Capitão Batista Marçal 51, Cabanas, Tel. 281 37 04 25. Am östlichen Ortsrand direkt an der Ria gelegen. Gemütliches Traditionslokal mit Fischspezialitäten, guter *Cataplana* und Reisgerichten mit Meeresfrüchten (Mo geschl.).

Festungsambiente in Cacela Velha

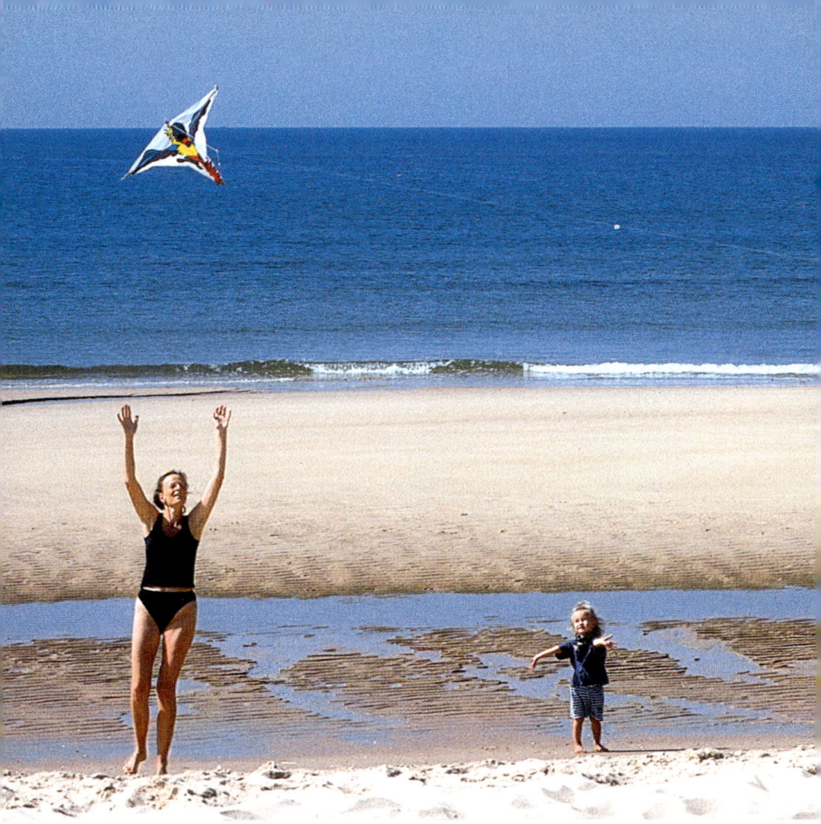

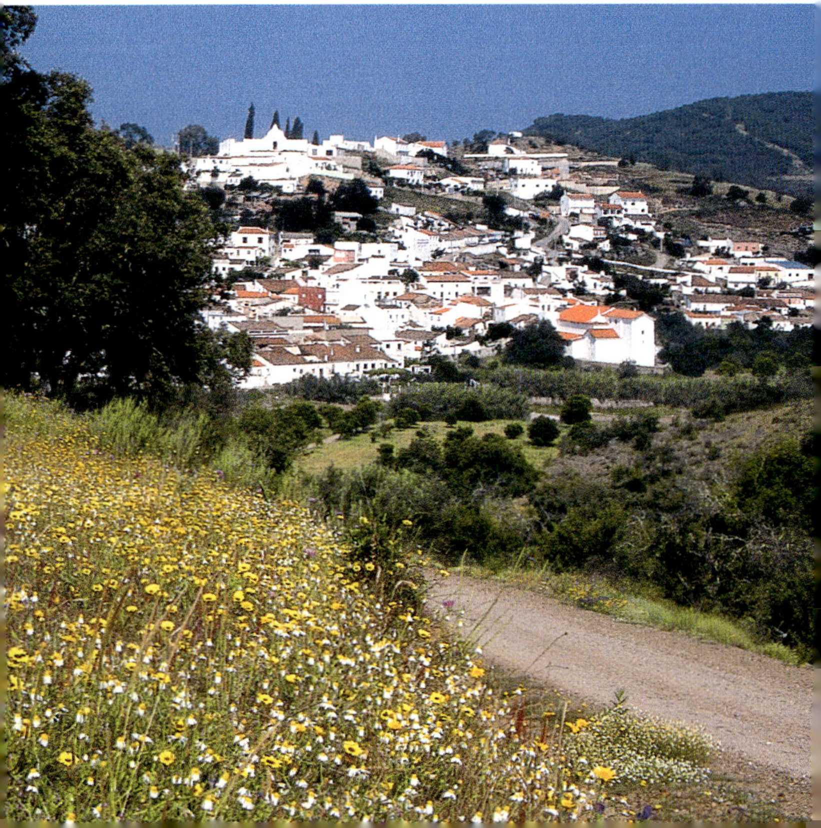

Am Rio Guadiana –
unberührtes Grenzland

821 km lang ist der Rio Guadiana, **O Grande Rio do Sul**, der ›große Fluss des Südens‹. Er entspringt im spanischen La-Mancha-Plateau und bildet, seit der Rückeroberung der Algarve durch die Christen Mitte 13. Jh., in seinem Unterlauf über 70 km die **Grenze** zu Portugal. Jahrtausende lang war der Guadiana die einzige Verbindung zwischen Küste und Binnenland. Erst 1947 wurde eine Straße von Vila Real nach Mértola im Alentejo gebaut. Bis dorthin ist der Strom schiffbar, der schon den Römern zum Transport von Erzen aus den Minen im Bergland diente.

Bevor der Rio Guadiana in den Atlantik mündet, verliert er sich in einem weitläufigen, von Flussarmen und Kanälen durchzogenen und von Salinen durchsetzten Feuchtgebiet, das Zugvögeln als Refugium dient. Hier wurde 1975 das Naturschutzgebiet **O Sapal** ausgewiesen. An der Flussmündung liegt die Stadt **Vila Real de Santo António**, die der aufgeklärte *Marquês de Pombal* im 18. Jh. quasi als Fenster gen Europa errichten ließ. In Sichtweite schimmern am jenseitigen Ufer die weißen Häuser des spanischen Ortes **Ayamonte**, den Algarveurlauber gern in einem Tagesausflug besuchen.

16 Vila Real de Santo António

Grenzstadt und Einkaufsparadies in planmäßigem Schachbrettmuster

Am westlichen Ufer des Guadiana, in den Weiten des Schwemmlandes, liegt Vila Real de Santo António (14000 Einw.), dessen zweigeschossige, weiße Gebäude ein einheitliches Stadtbild vermitteln. Am Flusskai legen die Ausflugsboote zu Tagestouren auf dem Rio Guadiana ab.

Geschichte Mitte des 18. Jh. wurde das an der Flussmündung gelegene Fischerdorf *Santo Antonio da Arenilha* von den Gezeiten fortgespült. Das benachbarte, damals größere Monte Gordo fiel bald ebenfalls dem Meer zum Opfer, nämlich der enormen Flutwelle, die dem Erdbeben 1755 folgte. *Sebastião José de Carvalho e Mello, Conde de Oeyras e Marquês de Pombal* (1699–1782), der aufgeklärte, tatkräftige Minister des damals regierenden Königs José I., entschied, gegenüber der prosperierenden spanischen Siedlung Ayamonte am jenseitigen Flussufer ein Zeichen portugiesischer Präsenz und Macht zu setzen. 1774 ließ er im Namen des Königs und unter Einbeziehung des hl. Antonius eine neue Stadt erbauen: Vila Real de Santo António. Militäringenieure legten den sandigen, feuchten Untergrund trocken, der bekannte Baumeister Eugénio dos Santos, der zuvor mitverantwortlich war für den Aufbau der beim Erdbeben zerstörten Lissabonner Unterstadt, der Baixa, plante die Gesamtanlage nach bewährtem Muster: ein weitläufiger Platz als Zentrum, gerade, rechtwinklig zueinander verlaufende Straßen, schlichte Wohnhäuser in einheitlich klassizistischem Baustil sowie ein großzügiger Boulevard als Uferpromenade. Aus Lissabon wurden standardisierte, vorgefertigte Bauteile geliefert. So wuchs innerhalb von fünf Monaten eine komplette Stadt heran mit Kirche, Rathaus, Zollstation sowie Gebäuden der königlichen Fischereigesellschaft und der Hafenverwaltung.

Doch diese Pracht stand unter einem schlechten Stern. Die Bewohner des zerstörten Monte Gordo weigerten sich, in die neue Stadt zu ziehen. Als Pombal ihre

*Wandlungsfähig: Im Landesinneren fließt der Rio Guadiana durch grünes Bergland (**unten**), seine Mündung umgeben feinsandige Strände (**oben**)*

Als weithin höchstes Gebäude beherrscht das Hotel Guadiana die Hafensilhouette

provisorischen Hütten niederbrennen ließ, wanderten sie empört nach Ayamonte ab. Vila Real blieb fast 100 Jahre lang eine **Geisterstadt**, bewohnt nur von königlichen Beamten. Erst mit dem **Thunfischfang** und dem Bau der ersten Fischkonservenfabrik 1879 sowie der Wiederaufnahme des Bergbaus in den flussaufwärts gelegenen Minen von São Domingos belebte sich der Ort. 1906 hielt die Moderne Einzug, als die Eisenbahntrasse von Lagos aus Vila Real erreichte.

Heute gleicht die ›königliche Stadt‹ einem großen Straßenbasar, der hauptsächlich von den spanischen Nachbarn frequentiert wird, die das Preisgefälle zwischen beiden Ländern ausnutzen und hier günstig einkaufen. Bevor 1992 die **Autobahnbrücke** zwischen Vila Real und Ayamonte gebaut wurde, pendelte eine **Fähre** über den Fluss. Letztere bildet nach wie vor die direkteste Verbindung und gewährt zudem schöne Ausblicke auf den breiten Mündungstrichter des Rio Guadiana.

Besichtigung   Die **Avenida da República** entlang des Flusses schmücken Pflastermosaike mit Fischen, Ankern und Segelbooten, zur Stadt hin reihen sich Restaurants und einfache Geschäfte aneinander. Der weiße Jugendstilbau des Hotels

Im Zentrum der Praça do Marquês de Pombal steht ein Obelisk mit Armillarsphäre

Guadiana und der Anlegeplatz der Fähre markieren den geschäftigsten Teil der Promenade. Ein Stückchen flussabwärts, auf Höhe des Sporthafens, steht das alte Zollhaus **A Alfândega**. Es ist verziert mit weiß-blauen Azulejobildern, die historische Seeschlachten schildern.

Das Herz des Ortes schlägt auf der großen, quadratischen **Praça do Marquês de Pombal** zwei Straßenblocks von der Uferpromenade entfernt. Der durch seine Weite beeindruckende Platz ist von einem einheitlichen Gebäudeensemble umgeben, in das sich Rathaus und Kirche harmonisch einfügen. Davor laden Kaffeehaustische unter Schatten spendenden Pomeranzenbäumen zur Rast ein. Schwarzweiße Strahlen im Pflaster laufen auf den Mittelpunkt der Praça zu, den ein **Obelisk** markiert. Die Inschrift ›Augusto, Invicto, Pio‹ (Erhaben, unbesiegt, fromm) preist König Jose I. Der Obelisk wird von einer goldenen Armillarsphäre gekrönt, einem Messgerät, das an die seefahre-

rischen Leistungen der Portugiesen und ihre Entdeckungen erinnert.

An der Nordseite des Platzes führt die Rua Dr. Teófilo Braga entlang. Einen Bummel durch diese belebte, charmante **Fußgängerzone** kann man mit einem Besuch in der imposanten ehem. Markthalle verbinden, die zum Kulturzentrum *Centro Cultural António Aleixo* umgebaut wurde. Die hiesige **Galeria de Arte Manuel Cabanas** (Tel. 281 51 00 45, Juli/Aug. Mo–Fr 16–24, Sa/So 10–24, sonst Mo–Fr 10–13 und 15–19 Uhr) zeigt Arbeiten, vor allem Holzstiche, des einst in Vila Real ansässigen Künstlers *Manuel Cabanas* (1902–1992), der berühmte Politiker ebenso porträtierte wie Menschen vom Lande und ihren Alltag. Zudem kann man hier eine ungewöhnlichen Sammlung von 200 Lithografiesteinen bestaunen, die bis ins 20. Jh. hinein als Druckplatten für Fischkonservenaufkleber dienten.

Von der kleinen küstennahen Verbindungsstraße zwischen Vila Real und

Monte Gordo führt ein asphaltierter Weg zum Mündungstrichter des Rio Guadiana. Ein Leuchtturm weist den Weg dorthin, wo bis Mitte des 18. Jh. das alte Fischerdorf [s. S. 55] stand und heute wieder ein kleiner Hafen ist. Daran schließt sich der flache Sandstrand **Praia de Santo António** an, der im Westen in den großen Strand von Monte Gordo übergeht.

Ayamonte

Ein beliebter **Tagesausflug** führt über den Fluss nach Ayamonte (18 000 Einw.) ins spanische, andalusische Nachbarland. Durch den Amerikahandel erlangte der einstige Fischerort am östlichen Hochufer des Rio Guadiana ab dem 16. Jh. einigen Wohlstand. Prächtige Paläste und mächtige Klöster prägen noch heute das Straßenbild.

In der Unterstadt öffnet sich die **Plaza de la Ribera** zum Hafenbecken hin, ein großer gepflasterter Platz mit Pomeranzenbäumen, Jasminranken und bunt gefliesten Bänken. Von dort gehen enge, Fußgängern vorbehaltene Einkaufsstraßen ab. Mitten im Gassengewirr öffnet sich die stimmungsvolle **Plaza de la Laguna** mit dem Rathaus und der *Iglesia de las Angustias* (16. Jh.). Auch dieser Platz ist hübsch begrünt und von Lokalen mit Terrassen gesäumt. Am schönsten ist der Gang durch die Unterstadt bei Nacht, wenn Jasmin und Orangenblüten ihr Aroma entfalten und Laternen die weißen Fassaden von Kirchen, Klöstern und Wohnhäusern beleuchten.

Steile Gassen und Stufen führen in die ältere Oberstadt. Dort im **Barrio de La Villa** befindet sich eine Reihe sehenswerter Gotteshäuser. Die zu einem 1755 zerstörten Kloster gehörende **Iglesia de San Francisco** aus dem 16. Jh. z. B. zeigt den verspielten Mudejarstil der von arabischen Baumeistern beeinflussten Gotik. Innen weist die Kirche einen schönen gotischen Altar auf. In der angrenzenden Capilla de la Soledad ist das **Museo de las Hermandades** (Mo–Sa 10–13 und 16–20 Uhr), das Museum der religiösen Bruderschaften, zu besichtigen, in dem neben den Kirchenschätzen auch die Prozessionsfiguren ausgestellt sind, die in der Karwoche mitgeführt werden.

ℹ️ Praktische Hinweise

Information

Posto de Turismo, Avenida Marginal, Monte Gordo, Tel. 281 54 44 95, www. visitalgarve.pt. Zuständig für Vila Real, kein eigenes Büro in der Stadt.

Fähre

Vila Real–Ayamonte, 9–21 Uhr, im Sommer alle 30 Min., im Winter alle 40 Min. Fahrzeit ca. 15 Min.

Schön und praktisch zugleich sind die gefliesten Ruhebänke in Ayamonte

Schiffstouren

Turismar, Altura, Castro Marim, Tel. 281 95 66 34, www.rotaminerio.de. Tagesausflüge auf dem Rio Guadiana bis Alcoutim. Das Schiff ›Uadi Ana‹ legt tgl. um ca. 9.30 Uhr vom Kai in Vila Real ab (Rückkehr ca. 18 Uhr, gezeitenabhängig).

Transguadiana, Rua Diogo Cão 8, Monte Gordo, Tel. 281 51 29 97, www.transguadiana.com. Ausflüge und Kurztrips ab Vila Real auf dem Rio Guadiana.

Hotels

****Parador de Ayamonte**, Avenida de la Constitución s/n, Ayamonte, Spanien, Tel. 00 34/959 32 07 00, www.paradores.de. Modernes Luxushotel der staatlichen spanischen Hotelkette. Von den Terrassen und vom Garten mit Swimmingpool aus öffnet sich ein herrlicher Blick auf den Rio Guadiana und das portugiesische Castro Marim.

***Guadiana**, Avenida da República 94, Vila Real de Santo António, Tel. 281 511 482, www.hotelguadiana.com.pt. Das Jugendstilhotel an der Hafenpromenade hat Flair und Eleganz der vornehmen Vergangenheit bewahrt und macht noch heute einen gediegenen Eindruck. Der Blick von der Beletage auf den Fluss ist kaum zu übertreffen.

Restaurants

A Caçarola, Avenida da República, Vila Real de Santo António, Tel. 281 51 35 48. Das Lokal am Fähranleger bietet preiswerte, frische Snacks, Gegrilltes und Meeresfrüchte.

Caves do Guadiana, Avenida da República 80, Vila Real de Santo António, Tel. 281 54 44 98. Spezialisiert auf frische Muscheln, Tintenfisch und andere portugiesische Fischspezialitäten sowie geschmorten Eintopf. Überschaubare Weinauswahl (Do. geschl.).

🔲17 Monte Gordo

Populärer Badeort mit schier unendlichem Strand.

Der Fischerort Monte Gordo wurde 1755 von der Flutwelle nach dem Erdbeben geschluckt. Im 19. Jh. entstand an seiner Stelle wieder eine kleine Ansiedlung, die seit den 1960er-Jahren vom architektonischen Wildwuchs überwuchert wurde. Heute ist das familienfreundliche Monte

In Ayamontes Altstadtgassen kann man stimmungsvolle Winkel entdecken

Gordo der größte **Badeort** zwischen der spanisch-portugiesischen Grenze und Faro. Doch außerhalb der Saison sind die weißen Hochhäuser verwaist und die kaum 5000 Einwohner verlieren sich zwischen den Apartmentblöcken. An der Strandpromenade findet man neben Geschäften, Bars und Restaurants einige alte Fischerhäuschen und das moderne **Casino** (Tel. 281 53 08 00, www.solverde.pt, So–Do 15–3, Fr/Sa 16–4 Uhr), in dem man sich bei Shows, Roulette, Black Jack u.a. vergnügen kann.

Der Ferienort ist auf die weitläufige **Praia de Monte Gordo** ausgerichtet, die auf mehr als 100 m Breite feinen weißen Sand bietet. Im Osten geht sie in die *Praia de Santo António*, im Westen in den weniger frequentierten ›Deutschenstrand‹ *Praia do Alemão* über. Die flachen, warmen Küstengewässer und die ruhige Brandung sind ideal für einen Badeurlaub mit Kindern und für alle, die das Windsurfen lernen wollen.

Ausflug

Etwa 5 km westwärts von Monte Gordo zweigt von der Straße nach Altura **TOP TIPP** die Zufahrt zur **Praia Verde** ab, einem der schönsten Strände der

Sandalgarve. Von der gleichnamigen Feriensiedlung auf einem bewaldeten Hügel führen Fußwege zum Strand, an dem Schirmkiefern etwas Schatten spenden. Auch das Strandrestaurant verspricht einen angenehmen Aufenthalt. Von hier aus kann man in einem ca. 60-minütigen, reizvollen Strandspaziergang *Cacela Velha* [s. S. 52] erreichen.

ℹ Praktische Hinweise

Information
Posto de Turismo, Avenida Marginal, Monte Gordo, Tel. 281 54 44 95, www.visitalgarve.pt

Schiffstouren
Riosul, Rua Tristão Vaz Teixeira 15, Monte Gordo, Tel. 281 51 02 00, www.riosultravel.com. Flusskreuzfahrten auf dem Rio Guadiana, auch zum Sonnenuntergang.

Camping
*Parque de Campismo Municipal de Monte Gordo, Tel. 281 51 09 70, www.cm-vrsa.pt. Einfacher, ordentlicher Platz am östlichen Ortsrand, sehr groß und viel von Wohnwagen genutzt. Mit direktem Zugang zum Strand, Restaurant und Kiosk.

Hotels
****Casablanca Inn, Praceta Casablanca, Monte Gordo, Tel. 281 51 14 44, www.casablancainn.pt. Arabisch dekoriertes Hotel mit einer Bar im Stil von ›Ricks Café‹, Innen- und Außenpool.

***Pensão Promar, Rua Dom Francisco de Almeida 76, Monte Gordo, Tel. 281 54 22 50. Einfache freundliche und saubere Pension mit 18 kleinen Zimmern und einem familiären Restaurant.

Restaurants
Casino Monte Gordo, Avenida Infante Dom Henrique, Monte Gordo, Tel. 281 53 08 00, www.solverde.pt. Beliebtes Restaurant für ein gediegenes Abendessen. Shows, Konzerte und Spieltische, bieten zudem allerlei Zerstreuung.

Goa, Rua Fernando Pó 8, Monte Gordo, Tel. 281 51 26 06. Gute indische und portugiesische Küche.

Bis zum Horizont zieht sich der lange feine Sandstrand von Monte Gordo

errichtet, die Dom Paio Peres Correia 1242 eroberte. König Dinís baute die maurische Feste von Castro Marim schließlich 1319 aus zu einer Burganlage, zum **TOP TIPP** **Castelo** (Tel. 281 51 07 46, Nov.–März tgl. 9–17, April–Okt. tgl. 9–19 Uhr). Er übergab sie dem 1317 gegründeten, gerade vom Papst anerkannten **Christusritterorden** zur Verteidigung Portugals gegen Spanien. Der dem portugiesischen König eng verbundene, einflussreiche Orden hatte hier seinen Hauptsitz, bis er ihn 1356 ins Kloster *Convento da Ordem de Cristo* in Tomar verlegte. Die Burg wurde später weiter befestigt und diente im 16. Jh. vorübergehend als Gefängnis der Inquisition. Innerhalb der Burgmauern befinden sich die *Igreja de Misericórdia* mit dem Renaissanceportal, das ehem. Pulverhaus, sowie eine kleine Wohnburg mit vier runden Ecktürmen. Heute beherbergt das Castelo eine feine archäologische Ausstellung *Núcleo Museológico* (tgl. 10–13 und 15.30–18 Uhr) mit regionalen Funden aus dem Neolithikum und der Kupfersteinzeit.

Pezinhos n'Areia, Praia Verde, Tel. 281 51 31 95, www.pezinhosnareia.com. Elegantes Lokal am gleichnamigen Strand mit hübscher Terrasse und Meerblick. Ausgezeichnete Fischspezialitäten.

18 Castro Marim

Beschauliches Dorf im Schutz zweier Festungen.

Folgt man dem Rio Guadiana von seiner Mündung landeinwärts wird er nach ca. 3 km schmaler und übersichtlicher. Den besten Blick über die Flussniederungen, das Schwemmland und die Salinen bieten zwei von markanten Festungen gekrönte Anhöhen am Westufer. An die sanft ansteigenden Hänge schmiegt sich das Dorf Castro Marim (4000 Einw.).

Archäologische Funde weisen auf eine **phönizische Besiedelung** des strategisch bedeutsamen Ortes bereits im 4. Jh. v. Chr. Bevor die Seitenarme des Rio Guadiana reguliert wurden, war der nördliche Burgberg eine Insel im Fluss. Auf ihr hatten die **Mauren** Befestigungen

Wie vor 700 Jahren wacht das trutzige Castelo noch heute über Castro Marim

Majestätisch erhebt sich das Ensemble der Igreja Matriz an der Praça 1º de Maio

Die Straßen von Castro Marim ziehen sich ringförmig um den Burgberg und wo einst die Verbindungsmauer zwischen Burg und Fort verlief, weitet sich heute die dreieckige **Praça 1º de Maio**. An dem hübsch gestalteten Hauptplatz mit Springbrunnen liegen die kleine Markthalle, das Rathaus und die Touristeninformation. Eine Treppe führt zur dreischiffigen **Igreja Matriz de Nossa Senhora dos Mártires** oberhalb des Platzes. Die kuppelgeschmückte Kirche wurde nach einem Brand 1960 im Stil des 19. Jh. wieder aufgebaut.

Reserva Natural do Sapal

2089 ha umfasst die Reserva Natural do Sapal am Rio Guadiana nördlich von Castro Marim. Seit 1975 steht das Ökosystem der Flussmarschen mit seiner reichen Artenvielfalt unter **Naturschutz**. Zwar wird auf etwa einem Drittel der Fläche **Meersalz** gewonnen, doch nutzen Flamingos und Reihervögel die Wasserbecken der Salinen ebenfalls – zur Futtersuche. Vogelbeobachter und Naturliebhaber können hier manche Entdeckung machen. In einem großen Ziegelgebäude unterhalb der Autobahnbrücke, die Vila Real mit Ayamonte verbindet, befindet sich das **Centro Informativo** (Sapal de Venta Moinhos, Tel. 281 51 06 80, www.icn.pt, Mo–Fr 9–12.30 und 14–17.30 Uhr), das Broschüren zur Reserva Natural bereithält. Man gelangt über eine mit ›Transito local‹ ausgeschilderte Abzweigung der N 122 dorthin. Vom Informationszentrum füh-

Auf der benachbarten, südlichen Anhöhe ließ João IV. 1641 nach dem Ende der Restaurationskriege gegen Spanien das **Forte São Sebastián** errichten, um Castro Marim und Portugal zusätzlich zu schützen. Dieses *Castelo Novo* war durch eine begehbare Mauer mit der älteren Burg verbunden, die jedoch im 20. Jh. einer Straße weichen musste.

Erhaltene Mauerreste des Castelo Novo am südwestlichen Ortsrand von Castro Marim

Flamingos lieben die flachen Salzseen und feuchten Wiesen der Reserva Natural do Sapal

Von großen Vögeln und kleinen Fischen

Die Feuchtgebiete am Mündungstrichter des Rio Guadiana bilden ein meernahes Ökosystem, das von den Gezeiten abhängt und sich durch eine enorme Vielfalt der Flora und Fauna auszeichnet. Allein die *Reserva Natural do Sapal* ist für 439 Pflanzenarten, viele von ihnen sog. **Halophyten**, Pflanzen, die im Salzwasser gedeihen, für 10 Fisch- und 11 Amphibien-, 40 Muschel- und Schalentierarten, 13 Reptilienspezies sowie 153 Vogel- und 13 Säugetierarten der ideale Lebensraum.

Viele Tiere machen es den Naturliebhabern schwer, sie zu entdecken, da sie im Wasser und Sand leben, klein und unscheinbar sind. Am spektakulärsten sind die **Vögel**, darunter Fischadler,

Störche und Schnepfen. Im Frühjahr und Spätsommer machen auch viele Zugvögel auf ihrem Weg von und nach Nordafrika im Sapal Rast. Die grazilen **Flamingos**, die mit Vorliebe in den ruhigen Wasserbecken der Salinen nach Nahrung gründeln, sind die größte Attraktion dieses Naturschutzgebiets. Im Winter kann man Kolonien mit bis zu 1000 Tieren beobachten, die sich jedoch bei der Annäherung von Menschen wie eine rosa Wolke in die Lüfte erheben und erst nach einigen Hundert Metern wieder landen. Die Jungvögel verbringen übrigens ihr ganzes erstes Jahr in der Region, während die erwachsenen Flamingos zum Nisten in den Süden Spaniens fliegen.

ren Fußwege über aufgeschüttete Dämme zu den ausgewiesenen Aussichtspunkten und Vogelbeobachtungsstationen im Naturschutzgebiet.

ℹ Praktische Hinweise

Information

Posto de Turismo, Ponte Internacional do Guadiana, Monte Francisco, Castro Marim, Tel. 281 53 18 00

Posto de Turismo, Rua José Alves Moreira 2–4, Castro Marim, Tel. 281 53 12 32

Restaurant

Manel d'Agua, Estrada do Mouro Vaz 12, Castro Marim, Tel. 281 53 14 80. Volkstümliches Grilllokal, Fisch und Fleisch in Hülle und Fülle.

19 Cumeda Foupana

Einsame Dörfer im hügeligen Hinterland des Rio Guadiana-Tales.

Odeleite – Foz de Odeleite – Laranjeira – Guerreiros do Rio

Sanfte **Hügel** prägen die Cumeda Foupana, die Landschaft zwischen Rio Guadiana und den Flüsschen Ribeira de Odeleite und Ribeira de Foupana. Zwar wird verstärkt aufgeforstet, doch noch stehen nur vereinzelt Laubbäume auf den mageren Ziegen- und Schafweiden. So friedlich es hier ist, so wenig Arbeitsplätze bietet die Region. Das Dorf **Odeleite** beispielsweise blieb von Tourismus und Wirtschaftsaufschwung unberührt, die meisten jungen Leute wandern auf der Suche nach Arbeit an die Küste ab. Zurück bleiben vor allem die Alten, die vor ihren einfachen weißen Häuschen sitzen und die traditionelle Kunst des *Körbeflechtens* pflegen, in den engen Gassen ein Schwätzchen halten oder in der kleinen Kirche aus dem 16. Jh. beten und beichten. In Odeleite, das unterhalb einer Talspeere liegt, die den Ribeira de Odeleite zu einem großen See anstaut, scheint die Zeit stehen geblieben zu sein.

Ab Odeleite lohnt es sich, statt auf der Hauptstraße EN 122 auf der alten kurvenreichen Römerstraße am Rio Guadiana entlang nordwärts zu fahren. Bei **Foz de Odeleite** senken sich die aufgeforsteten Höhen in ein weites Tal, in dem der etwa 200 m breite ›Fluss des Südens‹ verläuft. Inmitten dieser großartigen Landschaft liegt einsam das Dorf mit ein paar Ferienhäuschen und dem im Sommer geöffneten Lokal in der Nähe des Anlegestegs für die Ausflugsboote aus Vila Real. Die Fahrt auf dem meist träge zwischen grünen Hügeln und Feldern dahinfließenden Rio Guadiana ist ein sehr stimmungsvolles Naturerlebnis.

Bei **Laranjeira** kann man zum Flussufer hinunterspazieren, wo die Grundmauern einer *römischen Villa* freigelegt wurden. Die verlassenen Hütten an der Straße und am Ufer des Rio Guadiana gehören zu ehem. Grenzposten. Deren Besatzungen hatten seit dem 16. Jh. bis zum Beitritt Spaniens und Portugals in die EU 1986 die Aufgabe, den regen Schmuggel zwischen beiden Ländern zu unterbinden.

Einer der einsamen Weiler weiter flussaufwärts ist **Guerreiros do Rio**. In der alten Grundschule des winzigen Fischerortes wurde das **Museu do Rio** (Tel. 281 54 73 80, April–Sept. tgl. 9.30–13 und 14.30–18, Okt.–März 9–13 und 14–17 Uhr) eingerichtet. Es dokumentiert den Arbeitsalltag, die Feste und Traditionen der Gegend, deren Bewohner seit jeher von und mit dem Fluss leben.

i Praktische Hinweise

Hotel

Guerreiros do Rio River Hotel, Guerreiros do Rio, 15 km südlich von Alcoutim, Tel. 281 54 01 70, www.guerreirosdorio.com. *Turismo rural* in traumhaft schöner Hügellandschaft mit komfortablen Zimmern, Pool, Restaurant und Bar. Die Terrassenbar bietet einen großartigen Blick auf den Fluss.

Restaurant

Guerreiro, Guerreiros do Rio, Tel. 281 54 71 51. Gasthof mit Hausmannskost. Je nach Jagdglück gibt es Flussfische, Hase oder Wildschwein.

20 Alcoutim

Jahrhundertelanges Säbelrasseln wich friedlicher Koexistenz mit Spanien.

Weitab von der Hektik der Küste hat sich das verträumte Alcoutim (1200 Einw.) von seiner einstigen Funktion als Grenzfeste zum beliebten **Ausflugsziel** im Nordosten des Bezirks Algarve entwickelt. Am gegenüberliegenden Ufer des Rio Guadiana leuchtet die spanische *Sanlúcar del Guadiana* in der goldenen Abendsonne.

Geschichte *Alcoutinium* nannten die Römer ihren Verteidigungsposten am Zusammenfluss der kleinen Ribeira de Cadavais mit dem Rio Guadiana. Nördlich des heutigen Alcoutim sind noch Mauerreste von römischem *Castrum* mit einer Zisterne auszumachen. Westgoten, Mauren und Portugiesen setzten in den folgenden Jahrhunderten die militärische Tradition fort. Geschichte schrieb der Ort aber erst im 14. Jh. mit dem **Friedensvertrag von Alcoutim**, den Enrique II. von Kastilien und Fernão I. von Portugal 1371 auf einem Flussschiff, gewissermaßen im ›Niemandsland‹ zwischen beiden Ländern, unterzeichneten. Der Frieden war nicht von langer Dauer, da Fernão es ablehnte, vertragsgemäß die spanische Prinzessin zu heiraten. Stattdessen pflegte er eine skandalöse Affäre mit der geschiedenen Lebedame Leonor Teles. An den Vertrag von Alcoutim erinnert eine Tafel am Eingangstor zur Burg.

Bis weit ins 17. Jh. hinein bekämpften sich Spanien und Portugal immer wieder und Alcoutim wurde zur **Grenzfeste** gegen das benachbarte spanische Sanlúcar ausgebaut. Im 19. Jh. hatte es Bedeutung als Flussfischereihafen sowie als Anlegestelle der Lastkähne, die von Pomarão am Zusammenfluss von Rio Chanza und Rio Guadiana Kupfer und Schwefel aus den Minen von São Domingos brachten. Heute machen Reisende auf dem Weg von der Algarve nach Norden in den Alentejo und ins malerische Städtchen *Mértola* gern Rast in dem beschaulichen ›weißen Dorf‹ am Rio Guadiana.

Wie ein Spiegelbild von Alcoutim – Sanlúcar am spanischen Ufer des Rio Guadiana

Besichtigung Oberhalb von Alcoutim grüßen die wehrhaften Burgmauern des **Castello** (Tel. 281 54 05 55, April–Sept. tgl. 9.30–19, Okt.–März 9.30–17.30 Uhr), das König Dinís Anfang des 14. Jh. errichten ließ und das bis 1871 militärisch genutzt wurde. Das Kastell war von großer strategischer Bedeutung bei der Sicherung der Grenze zu Spanien, sodass es mehrfach umgebaut und erweitert wurde – vor allem zu Zeiten der Restaurationskriege im 17. Jh. In der Burg dokumentiert heute eine modern konzipierte Ausstellung mit prähistorischen, archäologischen und mittelalterlichen Funden aus der Region deren Geschichte seit dem Neolithikum.

Hoch oben am westlichen Örtsrand erhebt sich die strahlend weiße Kapelle **Ermida de Nossa Senhora da Conceição** (Di–So 9–13 und 14–17 Uhr) mit einem manuelinischen Portal aus dem 16. Jh. Die schlichten Skulpturen und Gemälde mit stark volkstümlichen Zügen im Innern sind beispielhaft für die naiv-fromme Sakralkunst, die für die kleinen gotischen Kirchen der Gegend typisch ist.

Vom Vorhof der Kirche blickt man hinunter auf den kompakten **Ortskern**, der mit seinen schmucken weißen Häusern ohne Zweifel einer der schönsten im gesamten Algarve-Hinterland ist.

Wenige Gebäude ragen aus der Silhouette hinaus, z.B. die imposante **Casa dos Condes** an der Praça da República.

Der einstige Sitz der Herzöge von Alcoutim wird heute als Kulturhaus für Kunstausstellungen und andere Veranstaltungen genutzt. Am Ufer des Rio Guadiana fällt die strahlend weiße **Igreja Matriz do Salvador** aus dem 16. Jh. auf, die im Inneren gut erhaltene Renaissancekapitele und Basreliefs vorweisen kann. Am nahen Kai legen die Ausflugsdampfer von Vila Real oder Monte Gordo an. Hier befinden sich auch einige Geschäfte und Lokale, von deren Terrassen man über den hier 250 m breiten, behäbig dahinströmenden Fluss blicken kann.

Der weiteste Blick über Alcoutim, das Umland und den Grenzfluss eröffnet sich jedoch von einer Anhöhe, 1 km nördlich der Ortschaft, vom jederzeit zugänglichen Gelände mit den Überresten des **Castelo Velho**. Das Kastell, das die Mauren im 8./9. Jh. zu Verteidigungszwecken errichten und ausbauen ließen, brannte im 12. Jh. weitgehend ab. Heute zeugen hier nur noch die faszinierenden Fundamente von der über rechteckigem Grundriss angelegten maurischen Siedlung innerhalb der von vier Türmen bewachten Burgmauern.

Am Alcoutim gegenüberliegenden Ufer zieht sich das spanische **Sanlúcar** den Hang hinauf, wie ein Spiegelbild des portugiesischen Ortes. Die dortigen weißen Häuser werden überragt von der mächtigen Festung *San Marcos*, die im

Die Nadelblume von Martim Longo

Im kargen, vom Tourismus wenig berührten Hinterland der Algarve haben die Einwohner kaum wirtschaftliche Perspektiven. In Martim Longo aber haben fünf Frauen ihr Geschick buchstäblich in die eigenen Hände genommen. In ihrer Werkstatt mit dem originellen Namen ›Die Nadelblume‹, **A Flôr da Agulha** (Rua Coronel Figueiredo Valente, Tel. 281 49 82 51, Mo–Fr 8–12 und 13–17 Uhr), stellen sie hübsche Jutepuppen für den Verkauf her. Etwa **50 Typen** gibt es, Männer, Frauen, Kinder, jeweils mit eigenem Charakter und Namen, Beruf und Vergangenheit. Da gibt es die Puppe ›Tia Josefa‹, die für Brennholz sorgen muss, die Bäckerin ›Lourdes‹ oder den Großvater ›Avô João‹, der die Enkelin ›Lalica‹ in die Schule bringt.

Die **Herstellung** jeder Puppe dauert etwa drei Stunden. Alle fünf Frauen sind daran beteiligt, jede hat ihren speziellen Platz in der Produktionskette. Wenn man fragt, warum die Puppen keine Augen haben, lachen ihre Schöpferinnen und antworten verschmitzt: »Wenn man arbeitet, hat man eben keine Augen für was anderes.« Die fleißigen Näherinnen müssen es ja wissen.

13. Jh. erbaut wurde. Die Burgen hüben wie drüben legen Zeugnis ab von den andauernden Grenzquerelen der rivalisierenden Nachbarn Portugal und Spanien. Aber heute pflegt man freundlichere Beziehungen. Geschäftig überqueren kleine **Fährboote** den Fluss und manche Bürger von Alcoutim wohnen sogar inzwischen auf der spanischen Seite.

ℹ **Praktische Hinweise**

Information
Posto de Turismo, Rua 1.° de Maio, Alcoutim, Tel. 281 54 61 79, www.cm-alcoutim.pt

Hotels
****Estalagem do Guadiana**, Bairro do Rossio, Alcoutim, Tel. 281 54 01 20, www.grupofbarata.com. Das sympathische Hotel bietet 31 komfortable Zimmer, dazu ein herrliches Panorama, Swimmingpool und Tennisplatz.

Pousada da Juventude, am nördlichen Rand von Alcoutim, Tel. 281 54 60 04, www.pousadasjuventude.pt. Moderne Jugendherberge mit 50 Betten und Pool. Fahrrad- und Kanuverleih.

Restaurant
O Soeiro, Rua do Município 4, Alcoutim, Tel. 281 54 61 85. Sorgfältig zubereitete Gerichte der regionalen Küche, z.B. Lamm-Bohnen-Eintopf, dazu Landwein. Mit kleiner, reizvoller Terrasse über dem Flusshafen (So geschl.).

21 Östliche Serra do Caldeirão

Die Dörfer der Serra sind bodenständig und freundlich.

Clarines – Giões – Martim Longo – Vaqueiros – Cachopo

Von Alcoutim führen die Nationalstraßen EN 122-1 und EN 124 nach Westen über die Dörfer der Serra do Caldeirão, vorbei an Stauseen und kleinen Weilern, uralten Kirchlein und einstigen Bergarbeitersiedlungen. Die alle um die 300 m hoch gelegenen Orte gleichen sich auch bezüglich ihrer einfachen Küche, der herzlichen Gastfreundschaft in schlichten Wirtshäusern und im traditionellen **Kunsthandwerk**. Die Frauen fertigen Decken aus bunten Stoffresten, weben Leinenhandtücher, basteln Jutepuppen, fertigen Blumengestecke oder flechten Strohhüte. Die Männer flechten Körbe oder arbeiten als Sattler und Schmiede.

Pereiro liegt auf einer steinigen, trockenen, doch herb-schönen Ebene. Die typischen lang gezogenen Lehmhäuser sind weiß getüncht, um Fenster- und Türöffnungen herum oft blau abgesetzt. Einige haben gemeinschaftliche *Außenbacköfen*. 3 km westlich des Dorfes führt eine schmale Straße über Tesouro und Farelos nach Norden. Die hiesigen Siedlungen mit malerischen alten Landarbeiterhäuschen ähneln bereits dem Montes des Alentejo. Ganz ursprünglich erhalten ist das Dorf **Clarines**, von dem aus der Grenzfluss zum Alentejo, der *Rio Vascão*, gut zu erreichen ist. Einen gemütlichen Spaziergang kann man dorthin zwar nicht machen, aber eine Wanderung führt über Aguas Santas durch die wunderbare Landschaft. Zum Abschluss kann man im sauberen Wasser des Flüsschens ein erfrischendes Bad nehmen.

Der Besuch von **Giões** lohnt besonders wegen der dortigen *Igreja Matriz*, einer gotischen Kirche aus dem 15. Jh., an der seitdem wenig verändert wurde. Das Altarbild stammt ebenso wie die Darstellungen des hl. Petrus und einer Rosenkranzmadonna aus dem 16. Jh.

Im hügeligen Land zwischen den Flüsschen Foupana und Vascão liegt **Martim Longo**, mit 1700 Einwohnern der größte Ort der Serra do Caldeirão. Die weiß gekalkten Häuser des Dorfes gruppieren sich um die drei kleine Kirchen, die alle im 16. Jh. entstanden sind. Auffällig sind die variantenreichen, hohen tonernen Kamine auf den Dächern der Wohnhäuser, die noch aus der Zeit stammen, in der es in Martim Longo mehr als 20 Töpfereien gab. Von ihnen ist heute keine mehr übrig geblieben.

Die Kirche von **Vaqueiros** stammt aus dem 16. Jh., gründet jedoch auf einer im 13. Jh. zerstörten Moschee. In der Nähe des Dorfes entdeckte ein englischer Ingenieur 1862 eine alte Kupfermine. 30 m tief ist diese **Cova dos Mouros** (Tel. 289 99 92 29, http://minacovamouros.site pac.pt, März–Okt Di–So 10.30–18, Nov. bis 16.30 Uhr), eigentlich nicht mehr als ein offener Schacht. Inzwischen haben Funde aus der jüngeren Bronze- und der Römerzeit bewiesen, dass die Mine schon vor 2700 Jahren ausgebeutet wurde. Die benachbarte, verlassene Bergarbeitersiedlung *Aldeia das Ferrarias* wurde zum Freilichtmuseum umgewandelt. Auf dem etwa 1 km langen Rundweg erfährt man alles Wissenswerte über den Kupferabbau früherer Tage. Neben der Mine befindet sich die **Reserva dos Burros**, eine Zuchtstation mit weitläufigen Gehegen für den von der Ausrottung bedrohten Iberischen Esel. Kinder dürfen auf den freundlichen Grautieren auch reiten.

10 km weiter westlich, im bewaldeten Teil der Serra, liegt am Hang das Dörfchen **Cachopo**, dessen heute versiegte *Mineralquelle* es im 19./20. Jh. zum Badeort und zur Sommerfrische machte. Heute wirken die weißen Häuser an steilen Gassen fast verlassen. Am Ende einer imposanten halbrunden Treppe oberhalb des Dorfes erhebt sich die gedrungene *Igreja de Santo Estêvão*, von deren Kirchturm man einen guten Rundblick hat. In der Sakristei stellt eine kleine Ausstellung die heutige Spezialität des Ortes vor, den *Medronho-Schnaps*.

Von Cachopo führen zwei gewundene Straßen durch unbewohntes Bergland

Manche Bewohner der Serra do Caldeirão verstehen sich noch aufs Körbeflechten

zurück an die Küste: Die N 124 verläuft südwestwärts und erreicht bei Baranco Velho die Hauptstraße N 2 nach São Brás de Alportel, die N 397 Richtung Süden endet in Tavira.

Traditionelles Handwerk erlebte in den letzten Jahren eine blühende Renaissance

Barlavento – Traumstrände vor goldenen Felskulissen

Als *Barlavento*, ›Luvseite‹, wird die dem Wind zugewandte westliche Algarveküste zwischen Faro und Lagos bezeichnet. Auf einem ca. 10 km breiten Streifen eng bebaut, ist sie der am dichtesten besiedelte Bereich der Algarve. Das Einzigartige des Landstrichs sind seine unzähligen romantischen Strände, die, versteckt in kleinen **Buchten** am Fuß von grandiosen **Steilküsten,** mit feinem, sauberem **Sand** locken.

Diese auch **Felsalgarve** genannte Region ist ideal für einen bequemen Urlaub, denn sie bietet gepflegte Unterkünfte jeder Kategorie, Aquaparks und Zugang zum Meer. Einkaufsmöglichkeiten und Restaurants findet man an jeder zweiten Ecke, dazu gibt es ein vielfältiges Freizeitangebot. Beginnend mit den großen Golfresorts gleich jenseits des Flughafens von Faro, reihen sich Feriensiedlungen wie das künstlich geschaffene **Vilamoura** und inzwischen zu Urlaubszentren herangewachsene Fischerdörfer wie **Armação de Pêra** oder **Albufeira** aneinander. Ferienhauskolonien und Apartmentanlagen erstrecken sich zwischen alten Orten wie **Alvor** oder **Porches**, die sich bemühen, ihren ursprünglichen Charakter zu wahren. Bei alldem ist die Mischung von mondäner Internationalität und bodenständigem Lokalkolorit verblüffend: Der Tourismus hat der Region Wohlstand beschert, ohne ihrer Schönheit zu schaden.

22 Quarteira und Vilamoura

Europas größter Ferienort aus der Retorte.

Die Gemeinde Quarteira (15 000 Einw.) besteht aus zwei ganz unterschiedlichen Vierteln, dem einstigen Fischerdorf Quarteira, in dem es heute zahlreiche Ferienapartments gibt, und der in den 1980er-Jahren westlich davon angelegten luxuriösen **Feriensiedlung** Vilamoura.

In den 1960er-Jahren hatten die ersten Charterflugzeuge Urlauber nach Faro gebracht. Bald darauf schossen in Quarteira Hochhäuser mit Ferienwohnungen an eilig im Schachbrettmuster angelegten Straßen aus dem Boden. Grund für den Bauboom war die wunderschöne, kilometerlange **Praia de Quarteira**, an der man bald kaum noch Platz für ein

Attraktive Mischung: Sonne und Sand, sauberes Wasser und bizarr verwitterte Felsen ziehen Urlauber zuhauf an die Strände um Albufeira

Handtuch fand. Aber die große Zeit des Ortes ist vorbei. Inzwischen beherbergen viele der früheren Ferienwohnungen das Personal, das in den umliegenden modernen Resorts und Anlagen arbeitet. Zwar konnte die umfassende Verschönerung in den 1990er-Jahren mit Stranderneuerung und Promenadenumbau die Bausünden der Vergangenheit nicht ungeschehen machen, doch inzwischen kann man in Quarteira wieder hübsche Apartments mieten, an der Strandpromenade mit Blick aufs Meer Kaffee trinken oder in den Restaurants gut und preiswert essen.

Der flach auslaufende, kinderfreundliche Strand von Quarteira ist einladend wie eh und je. Jenseits der Hochhäuser säumen ihn im Osten lichte Kiefernwäldchen. Beim dortigen Campingplatz geht er in die **Praia do Forte Novo** über. An diesem Strand finden Liebhaber von Altertümern am westlichen Ufer eines in den Atlantik mündenden Baches – schon in Sichtweite des Golfplatzes von Vale do Lobo – die frei zugänglichen Ruinen einer römischen Siedlung, **Loulé Velho**. Offensichtlich unterhielten die Römer hier einen betriebsamen Fischereihafen, gewannen aus dem Meerwasser Salz und produzierten Pökelfisch.

Westlich von Quarteira beginnen die ›englischen‹ Rasenflächen der Golfplätze von **Vilamoura**: sechs Anlagen mit insgesamt 90 *Greens* bieten alle denkbaren sportlichen Herausforderungen für Golfbegeisterte. Allein die Zimmerzahl in den angeschlossenen Vier- und Fünfsternehotels beläuft sich auf fast 2000. Um den Jachthafen **Marina de Vilamoura** (www. marinadevilamoura.com), mit mehr als 1000 Liegeplätzen der größte Portugals, gruppieren sich die Häuser der urban anmutenden Apartmentsiedlung Vilamoura mit Restaurants und Cafés, Banken und Geschäften, Diskotheken, Kino, Kasino und einer Kirche.

An der Zufahrtsstraße zur Marina befindet sich das kleine, doch interessante **Museu Arqueológico do Cerro da Vila** (tgl. 9.30-12.30 und 14-18 Uhr, an den meisten Feiertagen geschl.). 1963 entdeckte ein Bauer, der sein Feld von Steinen zu befreien versuchte, auf diesem Areal ein spätrömisches Mosaik. Inzwischen haben Archäologen die Reste einer römischen Villa, einer Fischfabrik und einer Nekropole freigelegt.

Der Jachthafen teilt den Strand von Vilamoura in einen kleineren östlichen Abschnitt und die 3 km lange **Praia de Falésia** im Westen, die bei Schwimmern, Surfern und Wellenreitern besonders beliebt ist. Im Hinterland wurden einst landwirtschaftlich genutzte Flächen und schilfbestandene Feuchtgebiete in einen **Parque Ambiental** (http://lusort.com) umgewandelt. Im Rahmen dieses Naturschutzprojektes werden Bauvorhaben und Golfplätze in die Landschaft integriert, Reitwege und Naturlehrpfade sowie Feuchtbiotope angelegt.

ℹ️ Praktische Hinweise

Information

Posto de Turismo, Praça do Mar, Quarteira, Tel. 289 38 92 09

Camping

*****Orbitur**, Estrada da Fonte Santa, Forte Novo (1 km östlich von Quarteira), Tel. 289 30 28 26, www.orbitur.pt. Weitläufiger, gut ausgestatteter Campingplatz, 800 m vom Strand entfernt.

Hotels

******Vila Galé Ampalius**, Alamada da Praia de Marina, Vilamoura, Tel. 289 30 39 00, www.vilagale.pt. Unmittelbar am schönen Strand neben dem Kasino gelegenes Hotel. Alle 357 Zimmer verfügen über Balkon und Meerblick. Diskothek und Wellness im Haus, Freibäder für Erwachsene und Kinder.

*****Dom José**, Avenida Infante de Sagres 143, Quarteira, Tel. 289 30 27 50, www.

Alle Eisen in der Tasche? Dann kann es ja losgehen, auf den Golfplatz von Vilamoura

Mehr als 1000 Jachten finden im modernen Hafen von Vilamoura einen Liegeplatz

hoteldomjose.com. Beliebtes Mittelklassehotel direkt an der Strandpromenade mit Swimmingpool.

Restaurants

A Casa do Largo, Praça do Igreja 8 A, Vilamoura, Tel. 289 38 88 47. Ein Klassiker! Das Menü zeigt eine unbekümmerte Mischung von Speisen aus aller Welt, mexikanische Nachos, indisches Curry und Thai-Spezialitäten. Während der Saison sollte man rechtzeitig reservieren!

O Jacinto, Avenida Sá Carneiro, Costa-Mar-Gebäude, Quarteira, Tel. 289 30 18 87. Das schlichte Lokal bietet exzellente Krabben *(Gambas de Quarteira)* und Meeresfrüchte zu akzeptablen Preisen.

23 Boliqueime und Paderne

Attraktive Ausflugsziele im Hinterland.

Im hügeligen Hinterland von Vilamoura gibt es schmucke Dörfer, in deren Umgebung oft herrliche Villen und Ferienwohnungen inmitten üppiger Gärten liegen.

Die Fahrt von Boliqueime über Paderne Richtung Alte gehört zu den reizvollsten Strecken dieses Küstenabschnitts.

Die grüne Umgebung von **Boliqueime** wird wegen ihres Wasserreichtums und ihrer Fruchtbarkeit gerühmt. Auch in dem als schick geltenden Dorf reichen die Obstwiesen bis an die Ferienhäuser und noblen Lokale heran.

Den engen alten Ortskern beherrscht die **Igreja Matriz São Sebastião**. Sie wurde nach dem Erdbeben von 1755 mit strahlend weiß und blau abgesetzter Fassade errichtet. Im *Café Castanho* neben der Kirche lässt sich noch authentische Dorfatmosphäre schnuppern. Diese spiegeln übrigens auch die Romane der 1946 in Boliqueime geborenen Schriftstellerin **Lídia Jorge** wider, etwa ihr Resümee der Nelkenrevolution ›O Dia dos Prodígios‹ (Tag der Wunder, 1980).

Nordwärts von Boliqueime fährt man durch von Steinmauern eingefasste Gemüsegärten, Orangen- und Olivenhaine. Nach 7 km gelangt man im Tal des Rio Quarteira nach **Paderne**, einem ruhigen, malerischen Ort mit schmalen Gassen und hübschen weißen und korallenroten Häusern. Eine steile römische Brücke führt hier über den Fluss, an dessen Ufer

Reizvoll liegen die weißen Häuser von Paderne im grünhügeligen Binnenland

schöne Wanderwege verlaufen. Südlich von Paderne sind auf einer Felsnase die Ruinen eines maurischen **Kastells** zu sehen, das unter dem Namen *Badirna* im 13. Jh. von Mauren und Santiagoordensrittern heiß umkämpft war.

ℹ️ Praktische Hinweise

Hotel

The Boliqueime Inn, Casas Leirias, Boliqueime, Tel. 919 08 20 73, www.algarve-holidays.net. Die irischen Besitzer restaurierten einen alten Landgasthof im Ort. Die gesamte Einrichtung der elf Zimmer ist im englischen Stil gehalten. Zur Anlage gehören auch Terrasse und Swimmingpool. Das renommierte Restaurant bietet auch Ausflüglern erlesene Weine und sorgfältig zubereitete internationale Küche.

Restaurants

Moiras Encantadas, Rua Miguel Bombarda 2, Paderne, Tel. 289 36 87 47. Gemütliches Feinschmeckerrestaurant mit moderner portugiesischer Küche.

Mato à Vista, Estrada do Foral, Paderne Tel. 289 36 71 01. Das große Restaurant ist bekannt für seine hervorragenden Wild- und Grillspezialitäten.

Typisch für den Süden Portugals sind die hohen, durchbrochenen Tonkamine

24 Alte

Malerisches Dorf mit buntem Blumenschmuck fernab der Küste.

Schon von weitem sieht man die weißen Häuser von Alte an den südwestlichen Ausläufern der *Serra do Caldeirão*, eingebettet in das dichte Grün von Eichen, Oliven- und Erdbeerbäumen. Wasser, das sich in Bächen und Kaskaden, klaren Quellen und sauberen Brunnen zeigt, spielt in der Region eine wichtige Rolle. Wasser ist auch das Hauptmotiv von Alte (2400 Einw.), das als Ausflugsziel und Feriendomizil immer beliebter wird. Bei einem Bummel über die teils kopfsteingepflasterten Straßen lohnt sich immer wieder ein Blick nach oben. Dabei sieht man entweder kunstvoll durchbrochene Kamine, *Chaminés*, auf den Dächern oder blühende Bäume und Büsche, die zu jeder Jahreszeit in farblichem Kontrast über strahlend weiße Mauern ranken.

In Alte haben sich einige **Kunsthandwerker** niedergelassen. Ihre Werkstätten, mehrere attraktive Lokale, Läden und Souvenirgeschäfte bilden das kleine Ortszentrum. Dort lohnt ein Besuch der **Igreja Matriz de Santa María da Assunção** aus dem frühen 16. Jh. mit manuelinischem Portal. Innen besticht die dreischiffige Kirche mit naiv-ländlichem Charme. Rei-

zend sind etwa die hölzernen Heiligenstatuen in den Seitenschiffen, aber auch die bemalten Schlusssteine des im 18. Jh. ebenso wie die Wände mit Azulejos geschmückten Gewölbes.

Mehrere Spazierwege erschließen die einladende Umgebung von Alte. Geht man etwa 10 Min. Richtung Osten, erreicht man die hübsche Parkanlage um den kleinen Brunnen **Fonte Pequena**, auch bekannt als *Fonte das Bicas*. In die

Lehnen der Bänke ringsum sind Verse des aus Alte stammenden Dichters *Cândido Guerreiro* (1871–1953) eingraviert. In jeweils 20 Min. gelangt man von hier zu den Quellen **Fonte Grande** (mit Badebecken) oder **Olho de Boi** (mit Picknicktischen). Ca. 2 km weiter plätschert der 24 m hohe Wasserfall **Queda do Vigário**, der ›Pfaffensprung‹. Er entstand 1690, als der Dorfbach zu Bewässerungszwecken umgeleitet wurde.

Bis in den letzten Zwickel ist die Seitenkapelle der Igreja Matriz mit Azulejos verkleidet

ℹ️ Praktische Hinweise

Information

Posto de Turismo, Estrada da Ponte 17, Alte, Tel. 289 47 86 66., www.jf-alte.pt. Angeschlossen ist eine Kunstgewerbeausstellung mit Gemälden, Azulejos und anderen regionalen Produkten.

Hotel

***Alte**, Estrada de Santa Margarida, Montinho, Tel. 289 47 85 23, www.alte hotel.com. Gepflegtes Hotel in schöner Gartenanlage am Dorfrand mit elegantem Restaurant, Pool und Tennisplatz.

Restaurants

Cantinho d'Alte, Avenida 25 de Abril 11 B, Alte, Tel. 289 47 82 72. Das kleine Restaurant mit Terrasse im Zentrum serviert Grillspezialitäten (Mi geschl.).

Fonte Pequena, Rua Fonte Pequena, Alte, Tel. 289 47 85 09. Beliebtes Ausflugslokal an der gleichnamigen Quelle (Mo geschl.).

Aus den Früchten des Erdbeerbaumes destilliert man Hochprozentiges

Medronhos – rote Farbtupfer im Wald

Aus dem Unterholz vieler Mittelmeerwälder leuchtet der rötliche Stamm des **Erdbeerbaums**, Arbutus unedo. Eigentlich ist es eher ein immergrüner Busch, selten wird er mehr als 2–3 m hoch. Seine hellroten kugelrunden Beeren schmecken leicht süßlich, sind von mehliger Konsistenz und voller kleiner gelblicher Samen. An der Algarve wer-

25 Olhos d'Água

Schöne Strandbuchten, abgeschirmt durch ein Wirrwarr von Feriensiedlungen.

Zwischen Quarteira und Albufeira bieten die Buchten der Steilküste rund ein halbes Dutzend herrlicher **Strände**. Doch der Zugang zu ihnen ist schwierig und Parkplätze sind knapp, denn das Gebiet ist von vielen Siedlungen durchzogen.

Der Strand von Olhos d'Água ist der schönste dieses Küstenabschnitts. Das Dorf erhielt den Namen ›Wasseraugen‹ nach den hiesigen **Süßwasserquellen** im Meeresboden, die man bei Ebbe aus dem Sand sprudeln sieht. Die wenigen Straßen münden in den Zugang zur restaurantgesäumten *Praia dos Pescadores*. Sie ist nach den noch heute ausfahrenden Fischern benannt, die nach dem Fang ihre Boote auf den Strand ziehen. Jenseits eines kleinen Felsvorsprungs schließt sich dann der eigentliche Badestrand an.

den sie zu einem für die Region typischen Obstler verarbeitet. Manche der Landarbeiter und Fischer nehmen morgens vor der Arbeit zum Wecken der Lebensgeister einen solchen **Aguardente de Medronho** zu sich. Sie schwören, dass der Schnaps keinen Kater verursache, wenn man ihn nur unverdünnt trinke, obwohl er bis zu 50 % Alkohol enthält. Die Herstellung des Hochprozentigen ist einfach: Auf 10 kg Früchte setzt man 3 l Wasser an und lässt das Ganze 20 Tage lang zur Fermentierung stehen, bevor der Brand destilliert wird. Das Resultat ist etwa 1 l klarer Schnaps.

In den Geschäften werden Schnäpse unterschiedlicher Qualität angeboten. Einen guten Medronho erkennt man an der öligen Konsistenz und der Größe der Luftblasen, wenn man die Flasche schüttelt; er ist umso besser, je größer die Blasen sind. Erstklassige Qualität gibt es beispielsweise bei der **Destillerie Guia & Pires** (Tel. 289 47 81 32) in Assumadas, einem Weiler etwa 8 km nördlich von Alte. Vor Ort muss man sich durchfragen, denn das Gebäude unterscheidet sich kaum von den anderen ländlichen Privathäusern. In der Brennerei kann man bei der Herstellung des Feuerwassers zuschauen und sich gleich sein ›gehaltvolles Andenken‹ mitnehmen.

Je nach Sonnenstand bieten die Felsen an der Praia de Falésia ein faszinierendes Farbenspiel und changieren in leuchtendem Orange, Rot und Golden

Im Osten setzt sich die sandige Küste bis zur **Praia da Falésia** [s. S. 70] fort. Im Ort *Falésia* zweigt ein Sträßchen ab, das zwischen schönen alten Strandpinien endet. Dort führt ein Treppe zum Strand hinab. Eine zweite findet man, wenn man ab Aldeia das Açoteias der Ausschilderung zur *Praia* folgt.

Bis an die Steilküste heran reicht der 9-Loch-Platz von *Pine Cliffs Golf*. Er ist berühmt für Loch 3, das nicht umsonst *Devil's Parlour* genannt wird. Man muss den Ball unter Berücksichtigung des Windes 200 m über einen steil abfallenden Klippenabbruch schlagen.

Westlich von Olhos d'Água verdichten sich die Häuser von **Montechoro**, einem Vorort von Albufeira an der Avenida Sá Carneiro, besser bekannt als **O Strip**, ›der Strip‹. An der großen Kreuzung mit der Rua Alexandre Herculano in **Areias de São João** befindet sich das Zentrum des küstennahen Siedlungsmolochs mit seinen Supermärkten, Banken und Kneipen. Außerdem findet man dort die bedeutendste Stierkampfarena der Algarve, die Praça de Touros, in der von Ostersonntag bis Anfang Oktober meist donnerstags und sonntags Touradas veranstaltet werden.

Der Strip endet am meist überfüllten Parkplatz auf den Klippen über der **Praia d'Oura**. Dieser sehr schöne Sandstrand liegt im Schutz mächtiger Steilwände, Ferienwohnungen reichen dicht heran. Nach Osten hin wird der Strand steiniger und etwas ruhiger. Die Felsnase im Westen krönen die Ruinen eines alten Forts.

ℹ Praktische Hinweise

Hotels

*****Sheraton Algarve Hotel**, Praia da Falésia, Albufeira, Tel. 289 50 01 00,

Über der Praia da Falésia bietet das Sheraton seinen Gästen ein besonderes Buffet

www.luxurycollection.com. Das spektakulär auf einer Klippe gelegene Luxushotel in maurischemStil bietet hohen Komfort, mehrere Außenpools und einen Innenpool sowie mehrere Restaurants.

******Ondamar Hotel**, Areias de São João, Tel. 289 58 67 74, www.ondamar.com. Das gut ausgestattete Apartmenthotel mit Fitnessstudio, Pool- und Gartenlandschaft liegt nur 1 km vom Strand Praia do Forte entfernt.

Restaurants

Borda d'Água, Praia d'Oura, Tel. 289 51 09 00. Während man in dem Grillrestaurant speist, hat man den ganzen Strand im Blick.

O Caixote, Olhos d'Água, Tel. 289 50 10 03. Das westlichste Lokal am Strand der Fischer mit netter Terrasse, auf der Snacks und Erfrischungen gereicht werden.

O Montinho, Montechoro, Tel. 289 54 19 59. Rustikales Landgasthaus aus dem 17. Jh., das auf Grillgerichte spezialisiert ist. Gute Weinkarte (So. geschl.).

Nachtleben

Discoteca Kiss, Areias de São João, Tel. 289 59 02 80. Seit Jahren einer der beliebtesten Nachtklubs an diesem Küstenabschnitt (tgl. 0–6 Uhr).

Stierkampf auf Portugiesisch

Seit Marquês de Pombal im 18. Jh. für die portugiesische Form des Stierkampfs Regeln aufstellte, wird das Spektakel als Kräftemessen zwischen Mensch und Stier, einem Inbegriff der Urkräfte der Natur, inszeniert. Trompetenklänge und der Einmarsch der festlich gekleideten Mitwirkenden eröffnen jede etwa zwei Stunden dauernde **Tourada**. Dann stürmt der erste von sechs Stieren herein und wird von **Toureiros** zu Fuß mit roten Tüchern, den **Capas**, gereizt. Anschließend bohrt ihm ein **Cavaleiro** vom Pferd aus Widerhaken in den Nacken, um ihn zu schwächen. Erst dann hat der **Matador** zu Fuß oder zu Pferd seinen Auftritt, der in Spanien den Stier auch töten würde. In Portugal beweist er seine Beherrschung des Tiers mit einer roten **Muleta**, einer Art Mantel, mit der er den Bullen reizt. Die Kunst des Toreros besteht darin, beim provozierten Angriff auf das Tuch eine gute Figur zu machen und den wütenden Stier möglichst nah am Körper vorbeizuführen, ohne von den gefährlichen Hörnern aufgespießt zu werden. Für die elegantere Version zu Pferd kommen feurige lusitanische Vollblüter zum Einsatz. Sie beweisen trotz ihrer instinkthaften Furcht vor dem Stier ungeheure Disziplin und Reaktionsfähigkeit. Nach etwa 20 Min., bevor der Stier das Tuch als Ablenkung erkennen und auf den Matador dahinter losgehen würde, wird das ›Spiel‹ abgebrochen. Aber auch die portugiesischen Stiere überleben den Kampf nicht. Geschwächt werden sie außer Sichtweite des Publikums getötet.

Portugiesen lieben die **Pega**, eine Variante der Tourada. Dabei versuchen acht ungeschützte Männer, die **Forçados**, einen Stier mit bloßen Händen so festzuhalten, dass er sich nicht mehr bewegen kann. Der erste von ihnen hat den gefährlichsten Job, denn er muss sich vom Stier auf die Hörner nehmen lassen, ohne dabei durchbohrt zu werden, damit er ihn von oben am Hals packen und so seinen Kopf niederzwingen kann. Dann versuchen seine Mitstreiter, das Tier an den Beinen oder am Schwanz zu packen und zu Boden zu werfen. Was das Publikum ausgelassen mit Lachsalven und Gejohle begleitet, ist ein sehr gefährliches Unterfangen, das durchaus tödlich enden kann – diesmal jedoch nicht für den Stier, sondern für die Männer.

Meist fließt bei der portugiesischen Form des Stierkampfs in der Arena kein Blut

Moderne Apartmentanlagen bedecken die Hänge um die nette Bucht von Albufeira

26 Albufeira

Metamorphose von der romantischen Küstenfestung zum trubeligen Ferienort.

Seit den 1960er-Jahren ist das einstige Fischerdorf am felsigen Uferhang das Zentrum des Badetourismus an der Algarve. Das Städtchen selbst hat etwa 15 000 Einwohner, verfügt aber nicht nur über zahlreiche Ferienwohnungen und Ferienhäuser, sondern auch über 10 000 Hotelbetten. Mit Diskos, Strandbars und umfassenden Freizeitangeboten bietet Albufeira auf dem Unterhaltungssektor die größte Vielfalt. Die *Rua Cândido dos Reis* hat sich bezüglich des Nachtlebens einen gewissen Ruf erworben und wird nicht umsonst auch *Rua dos Bares*, Straße der Bars, genannt.

Geschichte Den siedlungsgeschichtlichen Anfang machten die Römer, deren *Baltum* im 5. Jh. die Westgoten übernahmen. Unter den Mauren wurde daraus im 8. Jh. die prosperierende Handelsstadt *Al Buhera*. In die steil aufragenden Felsen am Strand bauten die Araber eine fast uneinnehmbare Festung, die während der Reconquista 1248 als letzte an der Algarve von Afonso III. erobert wurde. Das **Erdbeben** von 1755 zerstörte Burg und umliegende Wohnhäuser. Die Menschen flüchteten in die Kirche, die jedoch von einer Flutwelle fortgespült wurde und 227 Personen mit sich riss. Auch nach der Katastrophe blieb das Glück aus. Im Jahr 1833 belagerten **Miguelisten** unter dem berüchtigten *O Remexido* den Ort. Dieser ließ Albufeira schließlich in Brand setzen, um dort verschanzte Liberale zur Aufgabe zu zwingen.

Einen bescheidenen Aufschwung erfuhr Albufeira Ende des 19. und Anfang des 20. Jh. als Zentrum der Fischverarbeitung. Nennenswerten Wohlstand aber brachte erst der **Tourismus**, der das hübsche Dorf ab den 1970er-Jahren im Sturm überrollte und baulich veränderte.

Besichtigung Zwischen Hügeln und Küstenfelsen gelegen, ist das alte Zentrum von Albufeira recht unübersichtlich. In den Gassen herrscht reges Treiben und angesichts der Vielzahl von Andenkenläden, Restaurants, Boutiquen und Straßenverkäufern kann man leicht die wahren Reize des Ortes übersehen. Die wichtigste Straße ist die **Rua 5 de Outubro** ❶, die als Teil der ausgedehnten Fußgängerzone direkt auf den schützenden Felsensaum an der Küste zuführt. Diesen durchquert sie als Tunnel und endet schließlich am feinsandigen Hausstrand **Praia do Peneco** ❷, auch *Praia do Túnel* genannt. Östlich davon bieten am **Praia des Pesca-**

*In typischem Schwarzweißdesign ist die Fuß-
gängerzone von Albufeira gepflastert*

alten Portugiesen aber sitzen meist am
Rand des Platzes im Schatten und beobachten das bunte Treiben. In Strand- bzw.
Tunnelnähe steht die **Capela da Misericórdia** ❺ (15. Jh.) nahe der Praça da República. Sie hat als einzige Kirche des Ortes das Erdbeben von 1755 relativ unbeschadet überstanden und weist um das
Portal sowie innen an der Kuppel schöne
manuelinische Dekorationen auf. Nebenan befindet sich das **Museu Municipal
de Arqueologia** ❻ (Juli–Aug. Di–So 18–
24, Sept. Di–So 14–20, Sept.–Juni Di–So
10.30–16.30 Uhr) an der Stelle, an der sich
bis Mitte des 18. Jh. die maurische Burg
erhob. Es zeigt Fundstücke von der Vor-
und Frühgeschichte bis ins Mittelalter –
und bietet einen schönen Meerblick. In-
teressant ist auch die nach dem Beben im
18. Jh. barock wiederaufgebaute **Igreja
São Sebastião** ❼ mit integrierter manuelinischer Seitenpforte an der Praça M.
Bombarda. Der leicht maurische Eindruck
des Kirchenäußeren entsteht durch den
minarettartigen Aufsatz der Kuppel.

Bei Feriengästen sind Schiffsausflüge
entlang der Küste beliebt. Dabei
wird stets auch auf die **Gruta do
Xorino** ❽ hingewiesen, eine Meer-
wasserhöhle in einer Felswand westlich
des Strandes. Die Liberalen brachten sich
1833 hier in Sicherheit, als O Remexio auf
der Suche nach ihnen Albufeira nieder-
brannte. Die Grotte ist übrigens auch
über einen schmalen Fußweg von der
benachbarten *Praia São Rafael* aus zu
erreichen und eignet sich darüber hinaus
bestens zum Tauchen.

dores ❸ die Fischer ein pittoreskes Bild,
die wie in alter Zeit bei ihren auf Strand
gezogenen, bunt bemalten Booten sitzen, sich unterhalten und Netze flicken.

Der große Hauptplatz im Zentrum von
Albufeira heißt **Largo Engenheiro Duarte Pacheco** ❹. Urlaubsgäste bevölkern
hier die Restaurants und Geschäfte, die

Viele Strände, viel Platz – auch für die Fischer von Albufeira

Strände

Albufeira ist von gut einem Dutzend einladender Sandstrände umgeben. Sie liegen im Schutz der goldenen Sandsteinklippen entlang der Steilküste und sind alle gleichermaßen zu empfehlen. Im Osten locken *Praia d'Oura* [s. S. 76], *Praia da Santa Eulalia*, *Praia da Balaia* und *Praia da Maria Luisa*. Im Westen liegt direkt am gleichnamigen Ort die **Praia da Baleeira**, gefolgt von den romantischen Badebuchten der Strände *São Rafael*, *Vigia*, *Coelha* und *Evaristo*. Die eng zwischen Felsen eingebettete **Praia do Castelo** schließlich ist als Schnorchelrevier sehr beliebt. Den Abschluss bildet die weite, bis nach Armação de Pêra reichende flache **Praia da Galé**, die auf der Höhe der Feriensiedlung Salgados und des gleichnamigen Golfplatzes auch **Praia dos Salgados** genannt wird.

ℹ️ Praktische Hinweise

Information

Posto de Turismo, Rua 5 de Outubro, Albufeira, Tel. 289 58 52 79, www.cm-albufeira.pt

Wasserpark

Zoomarine, Guia, EN 125 bei km 65, Tel. 289 56 03 00, www.zoomarine.com, Juli/Aug. tgl. 10–19.30 April–Juni und Okt./Sept. tgl. 10–18, Nov.–März Di–So 10–17 Uhr. Unterhaltsame Mischung aus Schwimmbad, Zoo und Vergnügungspark. Zubringerbus mit Eintrittskarte kostenlos.

Nachtleben

Classic Bar, Rua Cândido dos Reis 8, Albufeira, Tel. 289 51 20 75. Bei tollen Cocktails und flotter Musik lässt es sich das Publikum bis in die Morgenstunden gut gehen (tgl. 0–4 Uhr).

Hotels

****Sol e Mar**, Rua J. Bernardino de Sousa, Albufeira, Tel. 289 58 00 80,

Abenteuerlustige Urlauber erkunden die Grotten der Felsenküste mit dem Boot

www.grupofbarata.com.pt Traditions-
hotel direkt am Strand, in die Felsen gebaut. Mit Swimmingpool und Diskothek.
Traumhafter Blick über das Meer.

***California**, Rua Cândido dos Reis 12,
Albufeira, Tel. 289 58 34 00, www.hotel
california.com.pt. Im Zentrum gelegenes,
angenehmes Haus von mittlerer Größe
mit Innen- und Außenpool.

**Pensão Vila Bela Residencial,
Rua Coronel Águas 32, Albufeira, Tel.
289 51 55 35. Kleine Pension mit Garten,
zentral und ganz nah am Stadtstrand
gelegen.

Restaurants

A Ruína, Rua Cais Herculano, Albufeira,
Tel. 289 51 20 94, www.restaurante-ruina.
com. Originelles Lokal in einem Altbau
am Fischmarkt im Osten von Albufeira:
Im Erdgeschoss zum Strand hin befindet
sich eine Snack-Bar, auf Straßenniveau (=
erster Stock) ein eher rustikales Lokal mit
Bar, im zweiten ein elegantes Restaurant
und auf der Dachterrasse die dritte Bar
des Hauses.

A Travessa, Travessa dos Arcos, Albu-
feira., Tel. 289 51 32 99 Hübsches kleines
Lokal mit frisch zubereiteten Fisch- und
Fleischgerichten zu moderaten Preisen.

Castelo do Bispo, Estrada da Orada,
Albufeira, Tel. 289 58 54 17, www.castelo-
dobispo.com. Stilvoller Bau am westlichen Ortsrand oberhalb einer kleinen
Strandbucht. Typische Cataplanas,
delikate Seeteufelgerichte und guter
Lachs-Carpaccio.

*Wenn die Sonne im Meer versinkt, füllen sich
Albufeiras Lokale, vor allem an den Stränden*

27 Armação de Pêra

*Wundervolle Felsenbuchten,
umgeben von weitläufigen Feriensiedlungen.*

Der Name des Dorfes verweist auf die
Ursprünge des Ortes, in dem einst Fischer
aus Pêra eine Fanganlage für Sardinen,
Armação, errichteten. Im 18. Jh. waren aus
den Fischerhütten Häuser geworden und
eine Festung schützte sie vor Piraten. Direkt an der rundum erneuerten Strand-

Türkisblaues Meer und heller feinsandiger Strand an der Praia de Armação

promenade findet man die restaurierten Überreste der **Fortaleza**, deren Anfänge bis ins 16. Jh. zurückreichen. Die benachbarte kleine **Capela Santo António** (18. Jh.), die eine bemalte Holzfigur des Ortsheiligen und Kirchenpatrons birgt, stand ursprünglich innerhalb der Festungsmauern. Heute markiert die weiße Kapelle den charmanten Stadtkern und von Armação (4000 Einw.), der jedoch von einem Gürtel eintöniger Apartmentburgen umgeben ist.

Der Ort ist bei den Touristen wegen der prächtigen, zweigeteilten **Praia de Armação** so außerordentlich beliebt. Am östlichen Strandabschnitt liegen wie früher die farbenprächtigen Fischerboote auf dem Sand. Sie werden heute für Ausflüge zu den malerischen Steilküsten genutzt und fungieren zugleich häufig als dekorative Fotomotive. Die sandige Küste setzt sich in weitem Halbkreis rund 3 km bis zur Praia da Galé und selbst darüber hinaus fort [s. S. 79].

Der Westen der Praia de Armação ist Badefreunden und Wassersportlern vorbehalten. Es schließen sich, umrankt von Bougainvillea und Hibiskus, ausgedehnte Feriendörfer an. Sie bestehen in der Regel aus Apartmentkomplexen mit Miet- und Eigentumswohnungen, die zusätzlich mit Restaurants, Schwimmbädern und Tennisplätzen ausgestattet sind. Aber ihr ganz großes Plus ist der meist exklusive Zugang zu jeweils einem der herrlichen Strände am Fuß der ansonsten schier unüberwindbaren Steilküste.

Der Welt entrückt liegt die Capela de Nossa Senhora da Rocha über der Felsenküste

Friedlich ist das Dörfchen Porches im hügeligen Hinterland von Armação eingebettet

Strände

Die bis zu 50 m hohe Steilküste westlich von Armação de Pêra zählt zu den schönsten Abschnitten der ganzen Algarve. Die Felsen sparen immer wieder kleine Sandbuchten am je nach Wind und Wetter meist türkisblau oder jadegrün schimmernden Meer aus. Auf die Praia de Armação folgt zunächst die Bucht **Tremossos**, die jedoch nur Gäste des Vila Vita Parc Hotels [s. S. 83] über einen Lift erreichen können. Zwei weitere Hotels teilen sich die folgende **Cova Redonda**, die aber über 115 schmale Stufen auch öffentlich zugänglich ist.

Die Strände **Praia da Senhora da Rocha** und **Praia Nova** werden von einer schmalen, spitzen Felsnase getrennt, unter der ein 50 m langer Tunnel hindurchführt. Auf dem Felsen, in 32 m Höhe, erhebt sich die kleine weiße **Capela de Nossa Senhora da Rocha** mit einem sechseckigen Dach. Die auch als *Ermida* bekannte Kapelle stammt aus dem 16. Jh., ihre Ursprünge gehen jedoch auf das frühe Mittelalter zurück. Alljährlich am 12. August ist sie Ziel einer Wallfahrt. Von der **Aussichtsplattform** vor der Kapelle überblickt man die gesamte weite Bucht vom Cabo Carvoeiro bis zur Praia da Galé.

Spaziergang nach Benagil

Ein schöner Spaziergang führt von der Ermita in etwa zwei Stunden entlang der Steilküste nach Westen zur winzigen *Praia de Benagil*. Es empfiehlt sich, die Tageshitze zu meiden. Am besten macht man sich in den frühen Morgenstunden oder am Spätnachmittag auf den Weg. Unterwegs öffnen sich immer wieder atemberaubende Ausblicke auf das Meer und die malerische Felsbuchten der Küstenkulisse. Vorsicht ist am Rande der meist ungesicherten Abbruchlöcher geboten, durch die man hört und sieht, wie in 30 m Tiefe die Wellen in den Felsrotten schäumend anbranden. Am Ziel warten mehrere empfehlenswerte Lokale mit Erfrischungen auf.

Porches und Alcantarilha

4 km nordwestlich von Armação liegt an der EN 125 auf einem Hügel **Porches**, umgeben von Feigenbäumen und Feldern. Das Dorf machte sich einen Namen als Keramikzentrum der Region. Entlang der Durchgangsstraße bieten mehrere Werkstätten **Töpferwaren** an, typischerweise blau auf weiß bemalt. Man kann aber auch unglasierte Tontöpfe und Amphoren für den Garten erstehen. Die schlichte **Igreja Matriz** liegt am höchsten Punkt des Ortes. Bei klarer Sicht überblickt man von ihrem Turm den ganzen Küstenstreifen von Lagos bis Loulé.

Die Häuser von **Alcantarilha** sind noch in den authentischen, gedeckten Algarvefarben gestrichen, einem ockerfarbenen Gelb oder Altrosa. Die Pfarrkirche **Igreja Paroquial** in der Ortsmitte mit zurückhaltendem manuelinischem Dekor im Inneren wurde erst vor einigen Jahren wiederaufgebaut. Von gruseliger Faszination ist die benachbarte **Capela dos Ossos**, eine Kapelle, die im 18. Jh. vollständig aus sorgfältig aufgeschichteten Knochen und Totenköpfen verstorbener Gemeindemitglieder errichtet wurde.

ℹ **Praktische Hinweise**

Information
Posto de Turismo, Avenida Marginal, Armação de Pêra, Tel. 282 31 21 45

Wasserpark
Aqualand Algarve, EN 125, bei Alcantarilha, Tel. 282 32 02 30, www.aqualand.pt, Juni–Sept. tgl. 10–18 Uhr. Die Rutschen im größten Wasserpark an der Algarve winden sich insgesamt über 1500 m.

Camping

***Praia de Armação de Pêra**, EN 269,1 km nördlich von Armação de Pêra, Tel. 282 31 22 60, www.roteiro-campista. pt. Großer, sehr gut ausgestatteter Platz, auf dem Bäume und Hecken willkommenen Schatten spenden.

Hotels

*****Vila Vita Parc Hotel**, Alporchinhos, Porches, Tel. 282 31 01 00, www.vilavita parc.com. Luxushotel mit privater Strandbucht und vielfältigem Sportangebot, darunter ein 9-Loch-Pitch & Put, eine Minigolfanlage sowie Tennis- und Volleyballplätze.

Aldeamento Turístico Vila Senhora da Rocha, Vila Senhora da Rocha Tel. 282 31 06 10, www.vilasradarocha.com. Das sehr gepflegte und nett angelegte Bungalowdorf, eine der besten Adressen der Region, reicht bis an die Steilküste. Mit Restaurant, Pool, Tennisplatz und eigenem Abgang zum Strand.

Casa Bela Moura, Estrada de Porches 530, Alporchinhos, Tel. 282 31 34 22, www.casabelamoura.com. Familiäre Bed & Breakfast-Pension mit acht stilvoll eingerichteten Zimmern, großem Garten, Swimmingpool und Solarium.

Casa do Catavento, Escorrega do Malhão, Alcantarilha, Tel. 282 44 90 84, www. casadocatavento.com. *Turismo rural* mit-

Bunte Keramikteller sind beliebte Erinnerungsstücke an den Algarveurlaub

ten in Orangenhainen, mit Swimmingpool. Das französisch-portugiesische Besitzerpaar vermietet vier Zimmer.

Restaurants

O Algar, Praia de Benagil, Tel. 282 35 89 51. Nettes Restaurant mit Grillspezialitäten und frischem Fisch (Mo geschl.).

Estrêla do Mar, Largo Infante D. Henrique, Armação de Pêra, Tel. 282 31 37 75. Das Lokal in einem Holzhaus am Fischerstrand bietet einheimische Küche, vor allem Fisch, zu moderaten Preisen.

Ausspannen am Pool des luxuriösen Vila Vita Parc Hotels

O Leão de Porches, Porches, Tel. 282 38 13 84. Elegantes Traditionslokal bei der Kirche im alten Ortszentrum. Spezialisiert auf Lammbraten und andere bodenständige Gerichte (Mi Ruhetag).

Porches Velho, Rua da Praça 6–8, Porches, Tel. 282 38 16 92, www.porches-velho.com. Uriges Restaurant mit großer Terrasse, im Winter prasselt im Kamin ein offenes Feuer.

28 Lagoa

Das beschauliche Städtchen ist Zentrum des größten Weinanbaugebietes der Algarve.

Lagoa (6500 Einw.) liegt eingebettet in das leuchtende Grün der besten **Weinreben** der Algarve. Aus ihnen werden starke Rot- und Weißweine gekeltert sowie ein süßer Dessertwein und *Aguardente*, eine Art Grappa. An der Durchgangsstraße EN 125 hat die Winzergenossenschaft **Adega Cooperativa** (Tel. 282 34 21 81, Mo–Fr 9–12 und 14–18 Uhr) ihren Sitz. Sie bietet neben Direktverkauf auch Führungen

Nicht nur die Winzer der Gegend, auch Bauern, Künstler und Handwerker präsentieren und verkaufen ihre Erzeugnisse auf der Regionalmesse **Fatacil**, bei der es

alljährlich im August hoch her geht. Ansonsten bietet sich das Gelände am östlichen Ortsrand als Parkplatz an, um von dort das Städtchen zu Fuß zu erkunden.

Der Rundgang führt über den parkähnlich begrünten Largo 5 de Outubro, an den Stationen eines Kreuzweges vorbei, die an die österlichen Traditionen in der Karwoche erinnern, zur **Igreja Matriz Nossa Senhora da Luz**. Die dreischiffige Kirche inmitten der Altstadt wurde nach dem Erdbeben von 1755 neu erbaut. Den Hauptaltar ziert eine vom portugiesischen Barockkünstler Joaquim Machado do Castro (1731–1822) geschaffene Skulptur der *Virgen da Luz*, der Jungfrau vom Licht. Aufmerksamkeit verdient auch das etwas oberhalb gelegene **Convento de São José** (Rua Joaquim Eugénio Júdice, Tel. 282 38 04 34, www.conventosjose.net, Mo–Fr 9–12.30 und 14–17.30, Sa 15–19 Uhr). Das 1713 gegründete, 1738 vollendete und mehrfach umgebaute Karmeliterkloster dient heute, sorgfältig restauriert, als städtisches Kulturzentrum für Kunstausstellungen, Konzerte und Vorträge. Im hübschen zweigeschossigen Kreuzgang erläutern Schautafeln mit Fotografien die Geschichte des Konvents.

Anschließend bummelt man durch die von weißen Häusern gesäumten Gassen, über die Praça da República, an der Markthalle *Mercado Municipal* vorbei und beendet die Stadtbesichtigung in

Der romantischen Küstenlage verdankt Carvoeiro seine Berühmtheit

Zirkusarena. Da jedoch keines der Gebäude allzu hoch ist, bleibt ein ansprechender Gesamteindruck bestehen.

Seit Carvoeiro in den 1980er-Jahren aus seiner Verträumtheit erwachte und zum Urlaubsziel der Reichen und Schönen aus deutschen Landen avancierte, entstanden hier zwei Golfplätze und in der Umgebung die Villen von allerlei Prominenten aus ganz Europa. Der feine, aber kleine Hausstrand **Praia do Carvoeiro** ist dem Ansturm der Badegäste längst nicht mehr gewachsen. In der näheren Umgebung gibt es aber eine ganze Reihe weiterer hübscher Felsenbuchten. Die westlich des Ortes gelegenen Strände sind zwar schwieriger zu erreichen, aber weniger überlaufen als die im Osten. Am bequemsten erreicht man die teils versteckten Sandstrände mit dem Boot von Carvoeiro aus.

Der Zugang vom Wasser empfiehlt sich auch für die Besichtigung der malerischen Grotten und Gesteinsformationen an diesem Küstenabschnitt. Am bekanntesten ist das nach dem Ort **Algar Seco** benannte, halb offene Höhlensystem etwa 2 km östlich von Carvoeiro,

Nach dem Ausflug in die Höhlenwelt des Algar Seco kann man im Schatten ausruhen

der Fußgängerzone *Rua 25 de Abril* mit ihrem typischen schwarz-weißen Pflaster und hübschen Geschäften.

ℹ️ Praktische Hinweise

Restaurants

Lamin, Rua da Misericórdia, Lagoa, Tel. 282 35 23 52. Traditionelles Lokal mit familiärer Atmosphäre nahe der Markthalle (So geschl.).

O Lotus, Praça Marquês do Pombal 9, Lagoa, Tel. 282 35 20 98. Hier kann man zu moderaten Preisen große Portionen der lokalen Spezialität *Porco com Amejas*, Schweinefleisch mit Muscheln, und einen der lokalen Weine probieren.

29 Carvoeiro

Mondäne Urlaubsdomizile, umgeben von reizvollen Felsenbuchten.

Als Einsiedler im Mittelalter an der Küste das *Convento dos Eremitas* gründeten, hätten sie es sich sicher nicht träumen lassen, dass aus ihrer bescheidenen Klause einmal einer der beliebtesten Orte der Algarve entstehen würde. Das Kloster ist längst verschwunden, heute staffeln sich der alte Ortskern und moderne Ferienhäuser an den steilen Abhängen um die winzige Bucht, wie Sitzreihen um eine dessen Felswände im Verlauf des Tages je nach Sonnenstand ihre Farbe ändern. Zu dem bizarren Naturszenario gelangt man von den Klippen über eine Treppe. Auch in die benachbarten Strandbuchten **Praia de Centianes, Praia do Carvalho** und **Praia de Marinha** führen steile Stufen hinab. Allerdings ist der zur Verfügung stehende Parkplatz oberhalb jeweils recht begrenzt.

Ein hoher Leuchtturm krönt die vorspringenden Felsen des **Cabo Carvoeiro**, das den Beginn der Bucht von Armação de Pêra markiert. Die Straße von Carvoeiro zum Kap, die **Estrada do Farol**, gilt als Topadresse für kulinarische Genüsse der internationalen Küche und für ausgelassenes Nachtleben.

Praktische Hinweise

Information

Posto de Turismo, Praia do Carvoeiro, Carvoeiro, Tel. 282 35 77 28

Tauchen

Divers Cove, Quinta do Paraíso, Praia do Carvoeiro, Tel. 282 35 65 94, Fax 282 35 65 89, www.diverscove.de. Etablierte, ganzjährig geöffnete Tauchschule unter deutscher Leitung. Auf Wunsch kann man auch Nacht-, Wrack- und Höhlentauchen. Mit Unterkunft.

Nachtleben

Mungo's Bar, Centro Comercial Cerro dos Píos 17, Estrada do Farol

Carvoeiro, Tel. 282 08 05 76. Wer Action sucht, ist bei Mungo's in der Nähe vom Zentrum richtig. Hier gibt es Livemusik und ein umfangreiches Programm.

Restaurants

Rafaiols Alfanzina, Rua de Farol Alfanzina, Carvoeiro, Tel. 966 84 64 26. Gute Küche, faire Preise, aufmerksames Personal und die vielleicht beste Cataplana der Umgebung.

Tia Ilda, Rampa Paraíso 18, Carvoeiro, Tel. 282 35 78 30. In der portugiesisch-schweizerischen Küche kommen Fisch und Fleisch vom Holzkohlegrill. Herrlicher Blick über den Ort und das Meer.

30 Estômbar

Die frühere Hauptstadt der Region schlummert heute am Rand großer Straßen vor sich hin.

Einst beherrschte das 3 km landeinwärts auf einem Hügel gelegene Städtchen die Mündung des Rio Arade. Geschützt von einem mächtigen maurischen Fort, war Estômbar im 13 Jh. der wichtigste Ort der Region. Hier begann Afonso III. im Jahr 1243 mit der Reconquista, der Rückeroberung der Algarve. Im Jahr 1797, als die günstiger gelegenen Küstenorte das alte Handelszentrum längst an Bedeutung überholt hatten, wurde in Estômbar der spätere Miguelistenführer José Joaquim

Spiel und Spaß bietet der Slide & Splash Wasserpark selbst für die Jüngsten

de Sousa Reis geboren. Er trieb die absolutistischen Kräfte an der Algarve in den
Bürgerkrieg der Jahre 1832–34, was ihm
seinen Beinamen *O Remexido*, der Auf-
rührer, einbrachte.

Baulich verschmilzt Estômbar heute
mit den östlichen Vororten von Portimão.
Bemerkenswert ist die kleine, bereits im
16. Jh. auf dem Altstadthügel erbaute
Igreja Matriz São Tiago, eine der schönsten Kirchen der westlichen Algarve. Ihre
im 18. Jh. barock überformte, von zwei
niedrigen Glockentürmen flankierte Fassade besitzt ein manuelinisches Portal.
Die Wände des saalartigen Innenraums
sind zum größten Teil mit Azulejos verkleidet. Außerdem fallen zwei Halbsäulen
aus dem 16. Jh. auf, die mit Figuren von
Kriegern, Bischöfen, Musikanten und ge-
krönten Jungfrauen reliefiert sind.

In Estômbar weisen Schilder zum
nordwestlich gelegenen **Sítio das
Fontes**, dem ›Ort der Quellen‹ etwa
4 km außerhalb am Rio Arade. Es handelt
sich um eine große unterirdisch entsprin-
gende Karstquelle, die in Dutzenden von
Einzelquellen austritt. Das kalte, klare
Süßwasser sammelt sich in mehreren
kleinen Teichen. Das gesamte Gebiet ist
als Naturpark *Parque Natural do Sítio das
Fontes* geschützt. Auf dem buschbestan-
denen Areal gibt es viele Picknicktische,
ein kleines Amphitheater für kulturelle
Veranstaltungen und eine alten Gezei-
tenmühle am Flussufer, die sonntags in
Betrieb gesetzt wird.

*Zauberberg auf Portugiesisch – Ferragudo
in der Abenddämmerung*

ℹ Praktische Hinweise

Wasserpark

Slide & Splash, EN 125, Vale de
Deus, Estômbar, Tel. 282 34 08 00,
www.slidesplash.com, Juli/Aug. tgl. 10–18,
Juni, Sept. tgl. 10–17.30, April/Mai, Okt. tgl.
10–17 Uhr. Auf riesigen Wasserrutschen
schlittern junge und ältere Wasserratten
begeistert hinein ins kühle Nass. Täglich
fahren Shuttlebusse von hier in die
benachbarten Küstenorte.

31 Ferragudo

*Pittoreskes Fischerdorf an der Arade-
mündung vis-à-vis von Portimão.*

Der Fischerort Ferragudo (2000 Einw.) am
östlichen Mündungsufer des Rio Arade
gegenüber vom hektischen Portimão,
konnte seinen ursprünglichen Charakter
fast unversehrt bewahren. Pyramidenar-
tig türmen sich die weißen Häusern an
der Steilküste auf, ganz oben thront die
einschiffige *Igreja Matriz Nossa Senhora
da Conceição*. Vom Kirchenvorplatz genießt man ein herrliches Panorama über
die gesamte Umgebung. Am Südhang
ragt trutzig die 1622 errichtete Festung

Forte São João de Arade auf, die heute einer Adelsfamilie als Wohnsitz dient.

Das romantische Ortsbild von Ferragudo hat inzwischen einige Künstler angelockt, deren teils offene Ateliers man bei einem Bummel durch die netten Gassen entdecken kann. An der Hafenfront schließlich reihen sich Fischlokale aneinander und am Kai dümpeln die Nachen der Fischer, die mit ihrem Fang auch heute noch die örtlichen Restaurants versorgen.

Der benachbarte Sandstrand **Praia Grande** liegt, von Wellenbrechern geschützt, an der Flussmündung. Er wird aufgrund seiner wechselnden Wasserqualität mehr von Surfern als von Badenden frequentiert. Nur einen kurzen Fußmarsch entfernt befinden sich im Osten am offenen Meer die empfehlenswerteren, von Felsen eingerahmten Strände **Pintadinho** und **Praia dos Carneiros**.

ℹ️ Praktische Hinweise

Restaurants

Le Paradis, Vale da Azinhaga (oberhalb von Praia Grande), Ferragudo, Tel. 282 46 11 23. Auf der Terrasse genießt man die hervorragende Küche mit Blick über die Steilküste. Anbei befindet sich ein Kinderspielplatz (Mi geschl.).

A Lanterna Velha, Rua Foz do Arade, Parchal, Tel. 282 41 44 29. Jenseits der alten Brücke, die nach Portimão hinüberführt, liegt dieses exzellente Fischlokal mit guter Fischsuppe, geräuchertem Schwertfisch und anderen Leckereien (So geschl.).

32 Portimão

Die einstige Hauptstadt der Fischkonserven ist längst das Geschäftszentrum der Westalgarve.

Am rechten Ufer der Arademündung ragt die Hochhaussilhouette von Portimão auf. Weder romantisch noch malerisch profiliert sich Portimão (35 000 Einw.) als **Geschäfts-** und **Bürozentrum** der westlichen Algarve, beinah großstädtisch, lebendig und ständig dem Verkehrskollaps nahe. Für den Urlauber ist es der Ort, an dem er jedes erdenkliche Produkt vom Ersatzteil für die Kamera bis zu Wanderkarten finden kann.

Geschichte Der Name Portimão leitet sich vom lateinischen *Portus magnus* ab. Ansonsten sind hier nur wenige Zeugnisse früherer Epochen erhalten, da die Siedlung im exponierten Mündungstrichter des Rio Arade immer wieder von Überschwemmungen heimgesucht wurde. In maurischer Zeit galt Portimão bereits als Zentrum der Fischerei, doch erst Manuel I. verlieh dem Ort im Jahr 1504 das Stadtrecht. Nach der Zerstörung durch das Erdbeben von 1755 dauerte es bis 1890, ehe die Stadt mit dem Bau einiger Fischkonservenfabriken wieder einen neuen wirtschaftlichen Aufschwung verzeichnen konnte. Heute unterhält Portimão nach Olhão zwar noch immer die zweitgrößte **Fischereiflotte** der Algarve, mausert sich aber immer mehr zum **Kreuzfahrt-** und **Fährhafen**. Die seit 1987 kontinuierlich ausgebauten neuen Ha-

Mit Palmen und orientalisch anmutenden Architekturdetails versuchen die Planer, zweckmäßige Neubauten in Portimãos Außenbezirken freundlicher erscheinen zu lassen

fenanlagen werden verstärkt von Luxuslinern angesteuert und auch die Fährverbindung nach Madeira mit Stop auf den Kanaren floriert. Die moderne Marina ist zudem bei Freizeitkapitänen sehr beliebt. So kommen zusätzliche Gäste in die Stadt. Diese lebt heute hauptsächlich von Dienstleistungen im **Tourismussektor** und kurbelt gleichzeitig die Wirtschaft der gesamten Region an.

Besichtigung 1991 entstand im Zuge des Ausbaus der Küstenstraße EN 125 zur Schnellstraße auch eine neue Brücke über den Rio Arade. Seitdem wird der **Verkehr** ins Stadtzentrum und zum Strandvorort Praia da Rocha [Nr. 33] über vlerspurlge Umgehungsstraßen und unzählige Kreisel geleitet. Doch im Zentrum von Portimão bleibt es eng. Wenn man mit dem Auto kommt, sollte man dieses am östlichen Stadtrand auf einem der **Parkplätze** beim neuen *Mercado* oder in der Nähe des Touristenbüros beim Fußballstadion abstellen. Von dort sind es etwa 15 Minuten zu Fuß bis in die Stadtmitte. Und auf dem Weg passiert man etliche ansehnliche, stattliche Bürgerhäuser aus dem 19. und 20. Jh., verziert mit Fliesen und kunstvollen gusseisernen Balkongittern. Die vielen Neubauten und hübsch restaurierten Gebäude im Viertel um die alte Markthalle an der Praça da República künden von der Blütezeit der letzten Jahrzehnte in Portimão.

Die Uferpromenade **Avenida Capitão Fernandes Leão Pacheco** ❶ ist die zentrale Orientierungsachse der Stadt, die sich in der Nähe des alten Hafens zum Park **Jardim Visconde Bivar** ❷ weitet. Ihre Verlängerung ist die Rua Serpa Pinto, die am Largo da Barca endet. Statt der früher bei Einheimischen und Touristen

Die bunte Fischereiflotte von Portimão gehört nach wie vor ins Stadtbild.

populären Fischbuden, die sich bis vor wenigen Jahren am Largo da Barca und unter der alten Aradebrücke aneinander-reihten, sind nun einige der typischen Sardinenrestaurants in nüchterne ∠weck-bauten auf dem früheren Werftgelände umgezogen, das am Ende der Uferpro-menade und nördlich der alten Arade-brücke leigt. Die 337 m lange **Ponte Velha** ❸ wurde 2009 generalüberholt und wieder für den Verkehr geöffnet.

Nur einige Meter vom Jardim Visconde Bivar entfernt, lädt auf dem **Largo 1° do Dezembro** ❹ eine kleine Grünanlage zum Spaziergang ein. Auf den gefliesten Sitzbänken ist die Geschichte Portugals dargestellt. Außerdem beginnt hier die Geschäftsstraße **Rua Dereita** ❺, von der nach rechts die unprätentiöse Fußgän-gerzone **Rua Vasco da Gama** abzweigt und in ihrer Verlängerung jenseits der Praça da República unter dem Namen **Rua do Comércio** ❻ zum ausgedehnten Einkaufsbummel lockt.

Gegenüber der alten Markthallen an der Praça da República erhebt sich die imposante Fassade der **Igreja do Colégio** ❼. Das ursprünglich im 17. Jh. erbaute Jesuitenkolleg wurde beim Erdbeben von 1755 fast vollständig zerstört und an-schließend rekonstruiert. Die einschiffige Kirche selbst bewahrt im Inneren mehre-re typische, aufwendig vergoldete *Talha-Dourada*-Altäre.

Auch die große dreischiffige Stadt-kirche weiter östlich, die **Igreja Matriz** ❽ (Rua da Igreja, Tel. 282 42 26 12, tgl. 10–12.30 und 17–19 1Uhr) hielt dem Beben nicht stand. Sie wurde mit erhaltenen Original-teilen ihrer einst gotischen Fassade, etwa dem Portal, neu erbaut. Von der Innen-ausstattung stammen lediglich einige Azulejos aus der Vorgängerkirche.

Zu guter Letzt sollte man unbedingt einen Abstecher in den Süden der Stadt machen. Das unterhaltsam und wissen-schaftlich hervorragend konzipier-te **Museum de Portimão** ❾ (Rua D. Carlos I, Eingang: Flussuferseite, Tel. 282 40 52 30, 15. Juli–Aug. Di 19.30–23, Mi–So 15–23, Sept.–14. Juli Di 14.30–18, Mi–So 10–18 Uhr) wurde 2008 in der ehem. Konservenfabrik *Fabrica de Con-servas La Rose Feu Hermanos* am Rio Ara-de eröffnet und 2010 mit dem ›European Museum Award of the Year‹ ausgezeich-net. In den Ende des 19. Jh. erbauten, sorgfältig restaurierten Fabrikhallen wer-den rund um die Themen Sardinenfang und Sardinenverarbeitung etwa 500 Jah-re Wirtschafts- und Industriegeschichte der Region erläutert. Filme, Tondokumen-te, Fotos, die faszinierenden, original er-haltenen Maschinen und mit lebensgro-ßen Puppen dargestellte Szenarien ma-chen die einst harten Produktionsbedin-gungen nachvollziehbar. Spannend sind auch die Funde der Unterwasserarchäo-logen aus dem Arade, die eine Besied-lung des Gebietes um Portimão und Al-vor [Nr. 34] seit dem Neolithikum vor 5000 Jahre dokumentieren.

Die Entdeckung Brasiliens ist einer der Meilensteine in der Geschichte Portugals, die Fliesen-bilder auf den Bänken des Largo 1 ° do Dezembro darstellen

Ihren Namen verdankt die Praia da Rocha den zerklüfteten Felsformationen, die den scheinbar endlos langen Sandstrand auflockern und strukturieren

Praktische Hinweise

Information

Posto de Turismo, Avenida Zeca Afonso, Portimão, Tel. 282 47 07 17, www.visitportimao.com

Einkaufen

Manufacturas Grafil, Rua Infante Dom Henrique 137, Portimão, Tel. 282 41 66 84. Handgefertigte Lederwaren wie Taschen, Koffer und Reitzubehör vom Sattel bis zum Stiefel. Gute Qualität zu moderaten Preisen.

Pires da Sousa, Rua Garrett 15, Portimão, Tel. 914 13 22 29. Beliebte Galerie zeitgenössischer Algarvekünstler in einer Seitenstraße am oberen Ende der Einkaufsstraße Rua do Comércio.

Hotels

***Globo, Rua 5 de Outubro 26, Portimão, Tel. 282 40 50 30, www.hoteis algarvesol.pt. Angenehmes Haus mit 68 Zimmern mitten im Zentrum.

**Pensão Miradoiro Residencial, Rua Machado Santos 13, Portimão, Tel. 282 42 30 11. Komfortable Pension mit Terrasse gegenüber der Igreja Matriz.

Restaurants

Carvi, Rua Direita 34 A, Portimão, Tel. 282 417 9 12. Große und wegen der frischen Fisch- und Schalentiergerichte beliebte *Marisqueira*; hervorragend ist z.B. die Cataplana, der portugiesische Fischeintopf.

Dona Barca, Largo da Barca 22, Portimão, Tel. 282 48 41 89. Beliebtes Fischlokal bei der alten Brücke. Die gegrillten Sardinen duften schon von weitem.

Kibom, Rua Damião L. Faria e Castro 6 A, Portimão, Tel. 282 41 46 23. Excellentes portugiesisches Restaurant.

33 Praia da Rocha

Kilometerlang Strand, Sonne und Meer – Ferienvergnügen für unzählige Urlauber.

Zum Schutz des Flusshafens von Portimão vor Piraten entstanden im 17. Jh. an der Mündung des Rio Arade ins Meer die beiden Festungen: São João bei Ferragudo und Santa Catarina de Ribamar auf der Seite von Portimão. In der gut erhaltenen **Fortaleza de Santa Catarina** kann man heute bei schönem Ausblick einen Kaffee genießen. Zu Füßen der Feste liegen an der Flussseite ein moderner Jachthafen und am Meeresufer der 3,5 km lange hellsandige ›Strand der Felsen‹, die **Praia** da Rocha. In den 1920er-Jahren ließen die reichen Konservenfabrikanten aus Portimão in diesem Vorort ihre Sommervillen errichten, doch leider verschwinden die wenigen erhaltenen Gebäude aus dieser Zeit heute zwischen Hochhäusern. Nur das Hotel *Bela Vista* (s. u.) konnte sich an seinem exponierten Platz auf den Klippen an der Strandpromenade halten. Auch wenn es schwer ist, dort ein Zimmer zu ergattern, sollte man in dem stilvollen Hotel mit den bunten Glasfenstern und schönen Fliesendekorationen zumindest auf einen Drink einkehren.

Die oben auf den Klippen verlaufende Promenade **Avenida Tomás Cabreira** ist zugleich Hauptstraße von Praia da Rocha, an der sich das Tourismusbüro, Lokale, Geschäfte und Cafés konzentrieren. Sie reicht von der Festung São João im Osten bis zum *Miradouro* im Westen, einem Aussichtspunkt auf einer prominenten Felsnase. Jenseits davon liegen die **Praia dos Três Castelos** und weitere hübsche kleine Felsbuchten.

Die Steilküste zwischen Praia da Rocha und Alvor stellt mit ihren golden schimmernden, bizarren Felsformationen eine der schönsten Landschaftskulissen der Algarve dar. Ein etwa zweistündiger Küstenspaziergang auf den Klippen führt zu der kleinen **Praia do Vau**, der felsumrahmten **Praia do João de Arens** und weiter zur bei Tauchern beliebten **Praia dos Três Irmãos**, die wiederum übergeht in die lange Sandbucht von Alvor.

ℹ️ Praktische Hinweise

Information

Posto de Turismo, Avenida Tomás Cabreira, Praia da Rocha, Tel. 282 41 91 32

Hotels

****Bela Vista**, Avenida Tomás Cabreira, Praia da Rocha, Tel. 282 45 04 80. Die in bester Lage auf den Felsen über dem Strand erbaute Villa aus dem 19. Jh. ist heute ein schönes Luxushotel.

Albergaria Vila Lido, Avenida Tomás Cabreira, Praia da Rocha, Tel. 282 42 41 27, www.hotelvilalido.com. Elegante Pension bei der Festung São João mit zehn Zimmern, Garten und Strandblick.

Restaurants

Casa Linho, Praia da Rocha, Tel. 282 42 25 79. Strandlokal unterhalb des Hotels Bela Vista. Leckere Snacks und frische Krabben.

Estrêla do Molhe, Praia da Rocha, Tel. 282 48 45 58. Das Restaurant ›Stern der Mole‹ liegt am Fuße der Festung São João. Von den Spezialitäten aus Madeira ist die Ente in Orangensauce besonders zu empfehlen.

Titanic, Rua Francisco Bívar, Edifício Columbia, Praia da Rocha, Tel. 282 42 23 71. Internationale Küche in modernem Lokal mit exzellentem Service.

Bar

Pé de Vento, Praia da Rocha, Tel. 282 42 41 80. Strandbar auf zwei Etagen, mit Salsa-Muisk auf der Dachterrasse.

Es liegt was in der Luft – nämlich der Geruch von köstlichen Grillsardinen

34 Alvor

Hübscher Ort mit maurischen Wurzeln.

An einer geschützten Lagune, die an den Mündungen von vier kleinen Flüsschen entstanden ist, liegt der **Fischerort** Alvor, der bereits in maurischer Zeit als *Albur* bekannt war. Dass Alvor auch einmal Festungsort war, merkt man kaum noch, aber einst gab es hier eine Burg. König Dinís hatte sie Anfang des 14. Jh. errichten lassen und König João II. starb dort 1495. Aufgrund von Animositäten gegen den hier ansässigen Adel ließ der Marquês de Pombal den Ort nach dem verheerenden Erdbeben von 1755 nicht in seiner alten Größe wieder aufbauen, sondern machte ihn zu einem Ortsteil von Portimão. 1975 geriet Alvor für kurze Zeit ins Licht der Weltöffentlichkeit, als hier feierlich die Abkommen unterzeichnet wurden, die zur Unabhängigkeit der einstigen portugiesischen Kolonie Angola führten.

Trotz solch bedeutender Ereignisse und der mondänen Golfplätze ringsum – unter ihnen der von Sir Henry Cotton geschaffene klassische 18-Loch-Kurs des *Penina Golf Club* – blieb Alvor mit seinen niedrigen weißen Häusern im Kern ein Dorf. Am hübschen *Porto de Pesca* findet jeden Morgen ein Fischmarkt statt, auf dem sich die Besitzer der umliegenden Restaurants mit fangfrischem Meeresgetier versorgen.

Die bekannteste Sehenswürdigkeit des Ortes ist die nach dem Erdbeben 1755 wieder aufgebaute **Igreja Matriz**. Sie geht auf das 16. Jh. zurück. Ihr manuelinisches Hauptportal ist das schönste weit und breit. Die Archivolten sind mit fein ziseliertem Blattwerk, Drachen und Monstern verziert. Nicht weniger kunstvoll ist das manuelinische Seitenportal. Und auch im Innern der dreischiffigen Kirche lassen sich original erhaltene manuelinische Steinmetzarbeiten bewundern. Die Säulen, sowie Teile des Chors und Hauptaltars sind reich mit Tauwerk und exotisch-grotesken Masken dekoriert. Die große Christusstatue *Senhor dos Navegantes* auf dem Altar wurde einer Legende zufolge eines schönen Tages am Strand angeschwemmt. Zum prachtvollen Erscheinungsbild gehören die polychromen Azulejos, mit denen die Wände im 18. Jh. teilweise gefliest wurden.

Eine Attraktion anderer Art bietet die feinsandige **Praia do Alvor**, die ein Stück vom Dorf entfernt auf einer Landzunge liegt. Der Weg zu dem breiten dünengesäumten Strand führt durch die vogelreichen Feuchtgebiete der Lagune.

In vollendeter Harmonie präsentiert sich das Portal der Igreja Matriz do Alvor

Einkaufen

Caleidoscópio, Rua 25 de Abril 6, Alvor, Tel. 282 45 92 21. Alles, was man aus Kork machen kann: Krawatten, Handtaschen, Spielzeug u. a. originelle Geschenke.

Camping

**Dourada Alvor Camping, Estrada dos Montes, Alvor, Tel. 282 45 91 78. Sehr ordentlicher, schattiger Platz mit guter Ausstattung. Ganzjährig geöffnet.

Hotel

*****Alvor Praia, Praia dos Três Irmãos, Alvor, Tel. 282 40 09 00, www.pestana.com. Luxus schlechthin bietet die Anlage mit 200 Zimmern, Innen- und Außenpool, Spiel-, Tennis- und Golfplätzen sowie mehreren Restaurants.

Restaurants

Fishermen's Rest, Largo da Ribeira, Alvor, Tel. 282 45 81 70. Das Lokal am Fischmarkt bietet Seafood mit Blick auf die Lagune.

Vagabondo, Rua F. R. Mendes 20, Alvor, Tel. 282 45 87 26. Gemütliches und kinderfreundliches Restaurant an der Hauptstraße von Alvor. Im schönen Garten kann man unter Mandel- und Orangenbäumen sitzen und die schmackhaften Speisen genießen.

ℹ️ Praktische Hinweise

Information

Posto de Turismo, Rua Dr. Afonso Costa 51, Alvor, Tel. 282 45 75 40

Von Lagos zum Cabo de São Vicente – eine Reise ans ›Ende der Welt‹

Mit der lebensfrohen, weltoffenen Hafenstadt **Lagos** und den nahen spektakulären Felsformationen der **Ponta da Piedade** endet der vom Tourismus geprägte Teil der Algarve. Gen Westen werden die Farben allmählich blasser, wehen die Winde stärker, bestimmen die Gischt des anbrandenden Atlantiks und gleißendes Sonnenlicht die nach wie vor felsige Küste. Die mediterrane Vegetation macht einer herben Kargheit Platz, Fischerdörfer ducken sich in Mulden und Buchten. Bevor in der ersten Hälfte des 20. Jh. Engländer die kleinen Küstenorte **Luz** und **Burgau** für sich entdeckten und einige Jahrzehnte später das *Windsurfen* in Mode kam, verirrte sich kaum ein Fremder in diesen südwestlichen Zipfel Europas. Im 15. Jh. ging es hier allerdings lebhafter zu, denn als Gouverneur der Algarve organisierte **Heinrich der Seefahrer** von hier aus den Aufbruch der portugiesischen Schiffsflotten auf Entdeckungsfahrten in damals noch unbekannte Welten.

Für moderne Abenteurer, Felsenangler, Steilküstenwanderer und Liebhaber großartiger einsamer Strände birgt die Gegend um **Sagres** und das **Cabo de São Vicente** viele herrliche Naturerlebnisse.

35 Lagos

Attraktive Altstadt mit dem Glanz früherer Tage zwischen traumhaften Stränden.

Vor gut 500 Jahren war die weiße Stadt an der Mündung des Ribeira de Bensafrim in den Atlantik Ausgangshafen zahlreicher portugiesischer Entdeckungsfahrten entlang der afrikanischen Küste. Ein Hauch von Fernweh und Internationalität haftet Lagos noch heute an, wenn sich Einheimische und Fremde zwischen Festung, Strand und Stadtzentrum begegnen. Lebendig, freundlich architektonisch schön und übersichtlich, ist Lagos (25 000 Einw.) ein attraktiver Ferienort, der gelassen auf allzu mondänes oder großstädtisches Gehabe verzichtet.

Geschichte Bereits Phönizier und Griechen siedelten im fischreichen Mündungsgebiet des Benafrim, gefolgt von den Karthagern, die im 4. Jh. v. Chr. Weinrebe und Ölbaum an die Algarve brachten, und den Römern, die den Ort Lacó-

Die großartige Ponta da Piedade verkörpert den einzigartigen Charme der Algarve

briga nannten. Zur Zeit der Mauren hieß die Siedlung **Zawaya**. Zu ihrem Schutz ließ Abderramán III., Kalif von Córdoba, im 10. Jh. eine doppelte Umfassungsmauer ziehen. Trotzdem eroberte König Sancho I. mit Hilfe deutscher und englischer Kreuzritter 1189 die reiche Handelsstadt für zwei Jahren. Erst 1241 nahmen die Santiagoordensritter den Ort endgültig ein. Afonso IV. befestigte ihn im 14. Jh. erneut und taufte ihn **Lagos**.

Der Naturhafen wurde seiner strategischen Bedeutung entsprechend durch ein großes Waffenarsenal und Kasernen gesichert. 1415 starteten von hier 232 Schiffe mit 19 000 Soldaten an Bord und nahmen Ceuta ein, die damals bedeutendste Hafenstadt des muslimischen Marokko. An dem Feldzug hatte der portugiesische **Prinz Henrique** (1394–1460) teilgenommen, der fortan *O Navegador*, Heinrich der Seefahrer, genannt wurde. Nachdem Henrique 1419 vom König zum Gouverneur der Algarve ernannt wurde, stationierte er seine Flotte in Lagos. In Henriques Auftrag umsegelte von hier aus Gil Eanes 1434 erstmals das westafrikanische Kap Bojador im heutigen Westsahara. Zum Beweis brachte er eine Tonne voll roter Erde, exotische Rosen und eine Ladung Afrikaner mit, die er in Lagos versteigerte – der erste **Sklavenmarkt** der Neuzeit auf europäischem Boden.

Viel später, 1578, erhob der 24-jährige König **Sebastião** Lagos zur Hauptstadt der Algarve und stach von hier mit einer Flotte von 800 Schiffen gen Marokko in See. Die europäischen Soldaten, die sich als Kreuzritter im Kampf gegen die Ungläubigen verstanden, wurden in der Schlacht von Ksar-el-Kebir vernichtend geschlagen. Auch Sebastião fiel, sein Leichnam blieb aber verschollen, sodass viele Portugiesen nicht an seinen Tod glaubten. Über Jahrhunderte hielt sich die Hoffnung, dass der jugendliche König eines Tages wiederkehren und sein Land wieder zu einstiger Größe führen werde (Sebastianismus, s. S. 103).

Einen schlimmen Schlag versetzte Lagos das Erdbeben von 1755, die nachfolgende riesige Flutwelle spülte die Stadt fort, die auch nach dem Wiederaufbau nicht mehr an ihre frühere Bedeutung anknüpfen konnte, obwohl der Tourismus seit Mitte des 20. Jh. für Wohlstand sorgt.

Besichtigung Lagos' Hauptstraße ist die **Avenida dos Descobrimentos** ❶, die palmenbestandene Straße der Entde-

cker, die den Fluss Ribeira de Bensafrim durch das gesamte Altstadtgebiet bis zum Meer, zu der dortigen Festung und den anschließenden Felsenstränden begleitet. Sie fungiert gewissermaßen auch als *Hafenpromenade*, denn der rege befahrene Bensafrim wurde als Zufahrt zum 1995 eröffneten **Porto Lagos** ❷ am gegenüberliegenden Flussufer ausgebaut. Dort bieten die beiden Becken des Jacht- und des Fischereihafens sowohl Freizeitbooten als auch Trawlern und Kuttern ausreichend geschützte Liegeplätze.

Zur Stadt hin säumen die Avenida Geschäfte, Restaurants und die zweigeschossige Markthalle des **Mercado** ❸ aus den 1920er-Jahren. Der Markt bietet jeden Morgen ein buntes Bild von Geschäftigkeit. Der Reichtum des Meeres und des klimatisch begünstigten Küstenlandstrichs zeigt sich in reichhaltiger Fisch- und Fleischauswahl im Erdgeschoss sowie in üppigem Obst- und Gemüseangebot im ersten Stock.

Westlich beginnt die ausgedehnte Fußgängerzone des Zentrums. Die **Praça Gil Eanes** ❹ wird von der modernen *Skulptur des Königs Sebastião* beherrscht 1973 von João Cutileiro als Astronaut dargestellt, reflektiert sie die volkstümlichen

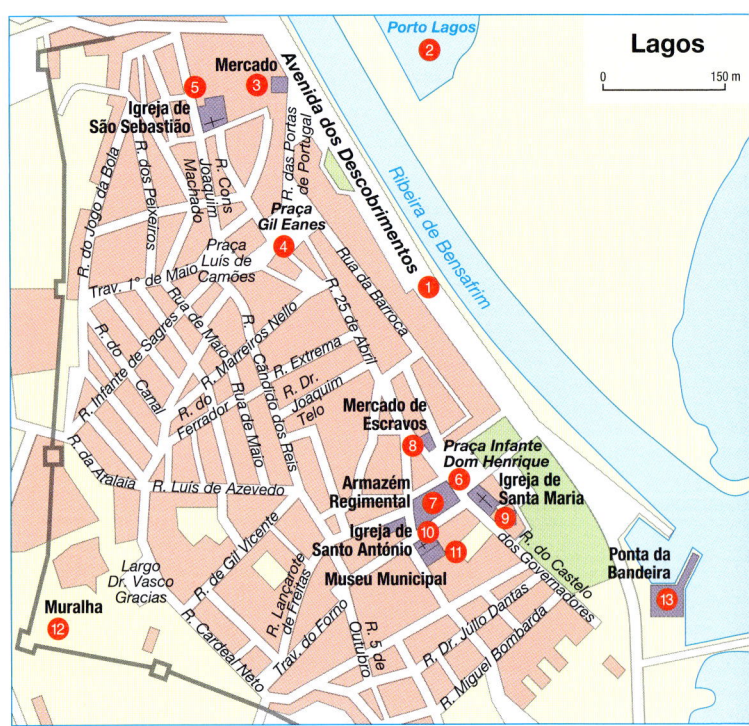

Ein Idol und sein Nachfolger – Straßenkünstler vor dem modernen Standbild des seit mehr als 400 Jahren unvergessenen Königs Sebastião auf der Praça Gil Eanes

Fantasien und Legenden, in denen von einer Rückkehr des Helden die Rede ist. Der vom alten Rathaus, Bank, Post, Touristeninformation und mehreren Lokalen gerahmte Platz ist der bei Besuchern und Jugendlichen gleichermaßen beliebte Treffpunkt der Stadt.

Unweit nördlich ragt auf einer Anhöhe die Renaissancefassade (16. Jh.) der **Igreja de São Sebastião** ❺ auf. Die große dreischiffige Kirche geht auf das 15. Jh. zurück, wurde aber mehrmals umgebaut, zuletzt nach dem Erdbeben von 1755. Das monumentale Bildnis der Nossa Senhora da Glória am Hochaltar entstand im 16. Jh. in Brasilien. Im Kreuzgang befindet sich eine kleine Knochenkapelle.

Die parallel verlaufenden Geschäftsstraßen Rua Barroca und Rua 25 de Abril führen nach Süden zur **Praça Infante Dom Henrique** ❻, einem großen rechteckigen Platz an der Hafenpromenade, der früheren *Praça da República*. Mitten in der Anlage der parkartigen Anlage sitzt, einen Quadranten in der Rechten die *Bronzestatue Heinrich des Seefahrers*, die 1960 zum 500. Todestag des Prinzen aufgestellt wurde. Den Platz säumen die ältesten Gebäude der Stadt: Im Westen imponiert der barock verschnörkelte Eingang zum Waffenarsenal, **Armazém Regimental** ❼, in dessen Erdgeschoss einige

Kunstgewerbegeschäfte einzogen. Den Norden nimmt die Schmalseite des lang gezogenen ›Sklavenmarkts‹, **Mercado de Escravos** ❽, ein. In dem einstigen Zollamt,

Die Fußgängerzone von Lagos lädt zu einem angenehmen Einkaufsbummel ein

Delegação da Alfádenga, aus dem 15. Jh. wurden die ersten afrikanischen Sklaven Europas versteigert. Dieses gotische Gebäude mit Arkadengang ist eines der wenigen, die das Erdbeben 1/55 unbeschadet überstanden. Heute dient es der Stadt als Ausstellungsraum. Auf der anderen Seite des Platzes flankieren dorische Säulen den Eingang zur **Igreja de Santa Maria** ❾ (18./19. Jh.), auch bekannt als Igreja de Misericórdia. Über dem Bogenportal akzentuiert das schmiedeeiserne Gitter eines Schaubalkons vor einem hohen Flügelfenster die Fassade.

Einen Straßenblock weiter westlich befindet sich die **Igreja de Santo António** ❿, seit ihrem Wiederaufbau 1769 die eindrucksvollste Kirche der Stadt. Der einschiffige Innenraum wird von einem bemalten hölzernen Tonnengewölbe überspannt. Über einem Fliesensockel sind Wände und Altarfront vollständig mit verschnörkeltem *Talha-Dourada*-Dekor bedeckt. An den Seiten stellen goldgerahmte Bilder Szenen aus dem Leben des hl. Antonius dar, eine Statue des Heiligen schmückt den Altar. Seit 1999 ist das Gotteshaus mit dem unmittelbar anschließenden **Museu Municipal** ⓫ (Di–So 9.30–12.30 und 14–17 Uhr) verbunden und auch nur mit diesem zusammen zu besichtigen. Das städtische Museum vereint die bedeutendsten archäologischen Fundstücke und Kunstschätze der Gegend. Neben steinzeitlichen Menhiren sowie luso-iberischen und maurischen Keramiken werden mittelalterliche Sakralkunst und eine ethnografische Dokumentation zum traditionellen Leben der Fischer und Kleinbauern der Ostalgarve gezeigt.

Ein Rundgang durch die Sträßchen der Altstadt führt an zahlreichen guten Restaurants und netten Geschäften vorbei. Früher oder später endet er immer an der **Muralha** ⓬, der Stadtmauer aus dem 16. Jh. Auf der Landseite des Bollwerks sind noch sieben der ursprünglich 14 Verteidigungstürme und einige Stadttore erhalten. Ein weiteres Stück der wuchtigen Mauer kann man am äußeren Ende der Avenida dos Descobrimentos sehen, gegenüber der Festung **Ponta da Bandeira** ⓭, die im 17. Jh. zur Bewachung des Hafens erbaut wurde. Heute umschließen die trutzigen Burgwälle ein Restaurant sowie links einige Räume für landeskundliche Wechselausstellungen (Di–So 9.30–12.30 und 14–17 Uhr). Die Eintrittskarte berechtigt auch zur Besichtigung des Forts selbst, von dessen Zinnen man einen weiten Ausblick über Stadt und Küste genießen kann.

Strände

Während der Sommersaison verbindet ein *Comboio Turístico*, ein als Zug aufgemachter offener Kleinbus, die Avenida dos Descobrimentos im Zentrum von Lagos mit den Stränden Praia do Porto de Mós, Ponta da Piedade, Praia do Camilo und Praia de Dona Ana sowie mit der Meia Praia. Das Gefährt verkehrt etwa alle halbe Stunde und hält auf Handzeichen oder Zuruf.

Im Museu Municipal kann man die Stadtgeschichte Revue passieren lassen

Wie viel Macht und Reichtum Portugal noch im 18. Jh. besaß, lässt sich etwa anhand der über die Maßen prachtvoll ausgestatteten Igreja de Santo António ermessen

Vom Fuß der Festung Ponta da Bandeira führen Treppen zum kleinen Stadtstrand **Batata**, dessen Wasser wegen seiner Nähe zur Stadt nicht immer zum Baden geeignet ist. Im Osten, auf der anderen Seite des Flusses, bietet die breite **Meia Praia** hingegen ausgezeichnetes Badewasser. Der beliebte familienfreundliche Sandstrand führt in sanftem Bogen rund 5 km an der *Baía de Lagos* entlang. Auch Taucher und andere Wassersportler finden hier verlockende Angebote.

Südlich von Lagos schließen sich weitere kleine Felsenbuchten an. Sie bergen

Das ehemalige Zollamt an der Praça Infante Dom Henrique diente als Sklavenmarkt

wildromantische Strände mit besonders ruhigem, glasklarem Wasser, z.B. *Praia Pinhão, Praia de Dona Ana* und *Praia do Camilo*. 2 km südwestlich ragt das **TOP TIPP** Kap **Ponta da Piedade** weit in den Atlantik hinaus. Mit seinen bizarren Felsformationen und zahlreichen Grotten ist es einer der malerischsten Orte der Küste. Vor allem vom Meer aus bieten die bis zu 20 m hohen, von Wind und Wetter ausgehöhlten Kalksteinwände einen fantastischen Anblick. Fischer glaubten früher, in ihnen Kirchtürme oder einen Stiefel zu erkennen, wie die Namen einzelner markanter Gebilde verraten. Einen reizvollen Farbakzent gegen die Felsen setzt das türkisgrün schimmernde Wasser in der Bucht. Man kann sie mit dem Boot, aber auch problemlos mit dem Auto anfahren. Vom Parkplatz auf den Klippen führen 190 aus dem Fels gehauene Stufen hinab zur Ponta da Piedade. Von oben bietet sich noch ein herrlicher Überblick auf Reste eines alten Forts, einen Leuchtturm und auf die beeindruckende Klippenkulisse voller Silberreiher-Nistplätze.

Nach weiteren 2 km sind **Canavial** und **Porto de Mós** erreicht, ebenfalls von Felsen eingeschlossene, sandige Buchten mit Restauration und Parkplätzen. Sie sind populäre Ausflugsziele für Familien aus der ganzen Umgebung.

ℹ Praktische Hinweise

Information

Posto de Turismo, Praça Gil Eanes, Lagos, Tel. 282 76 41 11, www.turismodoalgarve.pt

Tauchen

Blue Ocean Divers, Motel Ancora, Estrada de Porto de Mos, Tel. 964 66 56 67, www.blue-ocean-divers.de. Tauchschule mit Übungspool, Kayakausflüge.

Let's party! Lagos hat seinen Besuchern auch nachts einiges zu bieten

Abstieg mit Stil – die Treppen führen zu den Felsformationen der Ponta da Piedade

Hotels

****Casa de São Gonçalo**, Rua Cândido dos Reis 73, Lagos, Tel. 282 76 21 71. Elegant sanierter Altbau im Zentrum. Die Einrichtung der neun Zimmer dieser Pension ist vom Feinsten.

Lagosmar Residencial, Rua Dr. Faria e Silva 13, Lagos, Tel. 282 76 35 23, www.df hoteis.com. Nettes Hotel in einer ruhigen Seitenstraße der Altstadt.

***Riomar**, Rua Cândido dos Reis 83, Lagos, Tel. 282 77 01 30. Freundliches, zentral gelegenes Hotel mittlerer Größe. Die Zimmer haben Balkon. In der Umgebung allerdings lautes Nachtleben!

Restaurants

Adega da Marina, Avenida dos Descobrimentos 35, Lagos, Tel. 282 76 46 44. In dem einstigen Lagerhaus werden Fleisch und Fisch kunstfertig über dem Holzkohlegrill zubereitet.

Os Arcos, Rua 25 de Abril 32, Lagos, Tel. 282 76 32 10. Das Restaurant in der Fußgängerzone beweist, wie schmackhaft die Küche der Algarve sein kann.

O Galeão, Rua da Laranjeira 1, Lagos, Tel. 282 76 39 09. Klassiker der gepflegten regionalen Küche in einer ruhigen Seitenstraße.

Bars

Bom Vivante, Rua 25 Abril 58, Lagos. Beliebte Bar und Diskothek, nicht zuletzt wegen der schönen Dachterasse.

Joe's Garage, Rua 1º de Maio 78, Lagos. Große Bar mit fetziger Musik, Billard, Dart.

36   Colinas Verdes

Wälder, Seen und verträumte Dörfer in intakter Natur.

Colinas Verdes, *grüne Hügel*, nennt man bezeichnenderweise das Hinterland von Lagos. Hier liegen hübsche Dörfer wie **Bensafrim** oder **Barão de São João**, in denen niedrige, gekalkte Lehmhäuser vorherrschen und Touristen höchstens

*So menschenleer ist es an der schönen, wind-
geschützten Praia da Luz nur selten*

zur Stippvisite vorbeikommen. Dabei ist
die ruhige ländliche Umgebung ideal für
einen Erholungsurlaub. Insbesondere der
Mato Nacional, ein ausgedehnter Staats-
forst in der *Serra do Espinhaço do Cão*,
lockt mit Wanderwegen und Picknick-
plätzen. Auf den hochwüchsigen Pinienwald folgen die Eukalyptuspflanzungen

*Im Frühjahr verwandeln sich die grünen
Hügel um Bensafrim in eine Blumenwiese*

des angegliederten, ebenfalls ausgeschilderten **Perímentro da Floresta**.

6 km nördlich von Bensafrim liegt in
hügeligem Gelände mit Blick auf die
höher gelegene Serra de Monchique
[Nr. 46] der stark verzweigte Stausee
Barragem de Bravura. Er ist auch über
eine schmale, aber landschaftlich sehr
schöne Straße vom Ort Odiáxere aus zu
erreichen. Der größte der in den 1960er-
Jahren angelegten Stauseen der Algarve
fängt die Wasser mehrerer Bergflüsschen
auf, u. a. der Ribeira de Odiáxere. Die Umgebung des Sees wurde mit schnell
wachsenden Eukalyptus- und Kieferbäu-
men aufgeforstet. Per Auto gelangt man
bis zu einem kleinen Imbissstand oberhalb der 41 m hohen Staumauer, weiter
geht es dann zu Fuß entlang der steilen
Ufer. Je nach Jahreszeit und Wasserstand
eignet sich die Barragem de Bravura auch
zum Baden.

ℹ️ Praktische Hinweise

Hotel

Alto da Lua, Serra do Espinhaço do
Cão (zwischen Bordeira und Bensafrim),
Tel. 919 53 31 00, www.altodalua.com.
Der *Turismo rural* in einem alten Bauern-
hof mit modernen Gebäuden, Apart-

Etwa 1 km lang ist die flach auslaufende, von dunklen Felsen umgebene **Praia da Luz** beim einstigen Fischerdorf Luz. Der breite Strand wurde bereits früh im 20. Jh. von Engländern entdeckt. Man hat sich auf die Gäste eingestellt: Apartmenthäuser, Restaurants und Pubs säumen die Strandpromenade, das vielfältige Wassersportangebot an der belebten Praia reicht

Sehnsucht nach dem Unwiederbringlichen

Zur Saudade, der schwermütigen Sehnsucht, die den Portugiesen nachgesagt wird, passt der **Sebastianismus**, der viel mehr ist als eine Legende. 1568 übernahm *Sebastião* (1554–1578) als 14-Jähriger die Regierungsgeschäfte. Der junge portugiesische König war besessen von der Idee, durch große Schlachten gegen die **Mauren** in die Geschichte einzugehen. 1572 stellte er aber zunächst eine Flotte gegen die Türken zusammen, doch die Schiffe gerieten in Seenot, ehe sie die Tejomündung richtig verlassen hatten. Mit 24 Jahren brach Sebastião erneut auf, segelte mit 800 Schiffen von Lagos nach **Marokko**. Dort starb er am 4. August 1578 in der Schlacht von Ksar-el-Kebir und mit ihm 17 000 Mann seines Heeres. Von den nur etwa 70 Überlebenden wollte niemand gesehen haben, dass Sebastião gefallen war, denn es galt als ehrenrührig, sein Leben nicht für den König geopfert zu haben.

Die Unsicherheit über das Schicksal des jungen Regenten gipfelte in dem Glauben, dass Sebastião, nun mit dem Beinamen der Ersehnte zurückkehren und das Land von allen Problemen befreien werde. Die messianische Erwartung fußte zum einen auf dem weit verbreiteten Hang zum Übersinnlichen, zum anderen auf einem populären Gedicht, das ein Schuhmacher namens *Bandarra* 1530 verfasst hatte und in dem konfuse Verheißungen auf einen Retter Portugals verbreitet wurden. Romantische Geschichtsschreiber des 19. Jh. wie *Oliveira Martins* griffen die Legende wieder auf, die für Portugal eine ähnliche Bedeutung hat wie die Artussage für England oder die Barbarossalegende für Deutschland.

---

ments und Zimmern, Swimmingpool, Garten ist das ideale Quartier, wenn man sich von der Welt zurückziehen will. Nur mit dem Auto zu erreichen.

Restaurant

Cangalho, Quinta Figueiras, Medronhal, Barão de São João, Tel. 282 68 72 18, www.cangalho.com. Großes, gepflegtes Landhaus, dessen Küche auf Spanferkel und Lammbraten spezialisiert ist (Mo geschl.).

Luz

Familienfreundlicher Strand mit viel Platz für Individualisten und Naturliebhaber.

Westlich von Lagos wird nicht nur die Vegetation spärlich, auch die Strände werden steiniger, die Steilküsten höher und die Felsen imposanter. In dieser großartigen Naturszenerie haben sich viele Engländer, Deutsche und Holländer niedergelassen, denen wohl weniger am mondänen Badebetrieb als am Landschaftserlebnis liegt. Ob als Saisongäste oder als Betreiber von Restaurants oder Reiterhöfen bevölkern sie die Dörfer zwischen Lagos und Sagres.

von Tauchen über Wasserski und Windsurfen bis zu Tretbootfahren.

 Einer der schönsten Fußwege der Gegend führt entlang der **Steilküste von Luz nach Burgau**, ist knapp 5 km lang und auch von Ungeübten in einer guten Stunde zu bewältigen. Von dem teilweise nur schmalen Pfad über unbebautes und wenig bewachsenes Terrain bieten sich atemberaubende Ausblicke auf Felsen und Meer.

Praktische Hinweise

Camping

***Parque de Campismo de Valverde**, Estrada da Praia da Luz (zwischen Luz und Espiche), Tel. 282 78 92 11, www. orbitur.pt. Der gepflegte Platz mit allem Luxus und entsprechenden Preisen liegt nur 2 km vom Strand entfernt.

Badegäste finden stets ausreichend Platz an den weiten Stränden bei Burgau

Restaurants

Adega do Papagaio, Rua da Adega, Espiche, Tel. 282 79 84 23. Ein als Weinkellerei dekoriertes uriges Lokal. Spezialität: Fleisch auf heißem Stein. Auch vegetarische Gerichte.

O Poço, Avenida dos Pescadores, Praia da Luz, Tel. 282 78 91 89. Internationale und regionale Küche wird in elegantem Ambiente oder auf der Terrasse serviert.

38 Burgau

Das halb verlassene Dorf wurde zum Refugium nordeuropäischer Aussteiger.

Die Hauptstraße des winzigen Burgau endet am Strand, auf dem die Fischerboote liegen. In den 1980er-Jahren glich das ganze Dorf einer Baustelle, denn zugezogene Engländer und Niederländer renovierten alte, verlassene Häuser um die Wette. Der Erfolg kann sich sehen lassen: weiß getünchte adrette Häuser säumen die steil abwärts führende Zufahrt zur hellsandigen, fast weißen **Praia do Burgau**, deren Wasserqualität allerdings nicht immer ganz einwandfrei ist. Im Strandlokal kann man auf der überdachten Terrasse sitzen und dem Treiben der Dorfkinder und Urlauber zusehen.

Westlich der kleinen ortsnahen Praia erstreckt sich hinter pittoresken Felsen ein weiterer, etwa 500 m langer Strandabschnitt. Auf den Felsen darüber dient eine kleine Festung aus dem 17. Jh. an exponierter Stelle als origineller Rahmen für ein Lokal. Will man mit dem Auto auf der *Küstenstraße* weiter Richtung Boca do Río und Salema [s. S. 105] fahren, sollte man zumindest über einen geländegängigen Wagen und gute Nerven verfügen. Letztere sind für die schmale geländerlose Brücke unabdingbar, die man bei Boca do Río überqueren muss.

Praktische Hinweise

Information

Actividades Turísticas Burgau, Largo dos Pescadores, Tel. 282 69 71 23, www.atbalgarveholidays.com

Restaurant

Ancora, Largo dos Pescadores, Burgau, Tel. 282 69 71 02. Schönes Ambiente, guter Service. Günstige Tagesgerichte und Spezialitäten wie Hummer (Mo geschl.).

Segelschiffs ›L'Ocean‹ ein Favorit, das 1759 etwa 300 m vor der Küste sank.

Salema

Eine unbefestigte Straße führt von Boca do Río etwa 1,5 km an der Steilküste entlang bis Salema. Dort lockt, eingerahmt von Felsen, wieder ein breiter **Sandstrand**, der sich seit einigen Jahren immer größerer Beliebtheit erfreut. Doch Salema ist ein reizvoller kleiner Ort mit Fischerhäuschen, die beinahe bis an die Meeresküste heranreichen, einigen netten Lokalen und neuen gepflegten Unterkunftsmöglichkeiten.

40 Vila do Bispo

Wunsch oder Wirklichkeit?
Einst beehrte Heinrich der
Seefahrer das Landstädtchen.

Auf einem Hügel an der Kreuzung der Straßen von Lagos (N 125), Sagres und Aljezur (N 268) liegt Vila do Bispo (1700 Einw.), die Stadt des Bischofs. Bevor König Manuel I. den Ort 1515 dem Bischof von Faro schenkte, hieß er *Santa María do Cabo*. Obwohl Sitz der Kreisverwaltung, hat er seine einfache, ländlich geprägte Architektur bis heute bewahrt. Bedeutendste Sehenswürdigkeit ist die niedrige, einschiffige **Igreja Matriz**, im 16. Jh. zu

Die Felder um Budens werden oft noch in mühevoller Handarbeit bestellt

39 Budens

Golf und herrliche Küstenspaziergänge.

Etwa 6 km nordwestlich von Burgau ziehen sich rechts der EN 125 die ruhigen Gassen von Budens eine Anhöhe hinauf zur **Igreja Matriz**. Die Dorfkirche geht auf das 16. Jh. zurück, wurde aber im 18. Jh. umfassend erneuert. Aus derselben Zeit stammt die nahe Kapelle São Lourenço, die in neomaurischem Stil erbaut und mit Kuppeln bekrönt wurde.

Nördlich des Dorfes liegt der **Parque da Floresta Golf Club**. Sein anspruchsvoller 18-Loch-Platz wurde 1985 von Pepe Cancedo entworfen. Fachleute schätzen das einfallsreich in die reliefreiche Landschaft eingepasste Green. Angeschlossen ist ein Resort, zu dem auch Tennisplätze, Squashcourts, Bowlingbahnen, eine Bogenschießanlage und das Wellnesscenter *Spa Floresta* gehören.

Boca do Río

Auf der Höhe von Budens zweigt von der N 125 eine Straße südwärts in ein breites, landwirtschaftlich genutztes Tal ab, das zum Meer hin in einem flachen **Strand** ausläuft. Hier an der Boca do Río, der Mündung des Flusses, sind noch Mauerreste einer *Fischpökelanlage* aus römischer Zeit zu sehen. In Taucherkreisen ist hingegen das **Wrack** des französischen

Das friedlich grasende Rindvieh im Hinterland von Salema hat die Ruhe weg

Ehren der Nossa Senhora do Cabo erbaut und ein kleines Gesamtkunstwerk: Ein reich verzierter Mauerbogen trennt im Inneren die Chorkapelle vom Hauptschiff, hinzu kommen prächtige *Talha-Doura-da*-Altäre, eine barocke Holz-Kassettendecke und reicher weiß-blauer Azulejoschmuck.

Zu Vila do Bispo gehört auch das 2 km östlich gelegene Dorf **Raposeira**. Und noch einmal 2 km weiter, steht direkt an der Schnellstraße EN125 die ergreifend schlichte, frühgotische Wallfahrtskapelle **Ermida da Nossa Senhora de Guadalupe** (Mai–Sept. Di–So 9.30–12.30 und 14–18, Okt.–April Di–So 9.30–12.30 und 14–17 Uhr). Die vermutlich im frühen 13. Jh. erbaute Kapelle aus rotem Sandstein mit Rosette über dem Portal ist die älteste gotische Kapelle der Algarve. Bei der letzten Restaurierung im Jahr 2008 erhielten die dicken Mauern einen frischen weißen Anstrich. Die Kapitelle im einschiffigen Inneren zieren Menschenköpfe mit ausdrucksstarken Gesichtern. Sie wirken, als beobachteten sie die Besucher des kleinen Gotteshauses. Man erzählt, hierhin habe sich Heinrich der Seefahrer vor großen Expeditionen zum Gebet zurückgezogen.

Würdevolle Strenge strahlt die kleine Igreja Matriz von Vila do Bispo aus

Strände

Von Raposeira aus nach Süden führt ein Sträßchen über den Weiler *Hortas de Tabual* zur teils sandigen, teils mit Kies bedeckten **Praia da Zavial** an einer meist trockenen Flussmündung. Sie ist ein Dorado für Surfer. Westlich davon lädt die felsumgebene Sandbucht **Praia da Ingrina** zum Sonnenbaden und Schwimmen ein. An beiden Strände sorgt ein kleines Lokal für das leibliche Wohl der Besucher.

ℹ Praktische Hinweise

Camping

Parque de Campismo Praia da Ingrina, Praia da Ingrina, Raposeira, Tel. 282 63 92 42, www.campingingrina.com. Sehr einfache Anlage in unmittelbarer Nachbarschaft zum Strand.

Restaurant

A Eira do Mel, Estrada do Castelejo, Vila do Bispo, Tel. 282 63 90 16, www.eiradomel.com. Rustikales Lokal in hübschem Algarvehaus direkt neben dem Markt. Es gibt regionale Gerichte in üppigen Portionen zu moderaten Preisen.

41 Sagres

> *Kaderschmiede Heinrich des Seefahrers, Wiege der portugiesischen Entdeckungen.*

Auf einem schroffen, steil abfallenden Felsplateau liegt im stürmischen Wind hoch über dem tosenden Atlantik der Hafenort Sagres (2000 Einw.). Ein kleiner Leuchtturm markiert die Spitze der Halbinsel *Ponta de Sagres*, die sich nach Südwesten weit ins Meer vorschiebt. Wegen ihrer exponierten Lage galt sie spätestens im 2. Jh. n. Chr. bei den Römern als idealer Ort, um den Göttern zu huldigen und ihren Beistand zu erflehen. Sie nannten die Landzunge **Promontorium Sacrum**, Heiliges Vorgebirge, aus dem im Laufe von Jahrhunderten Sagres wurde. Auch unter den Arabern und den nachfolgenden Portugiesen behielt Sagres den Nimbus des Besonderen.

Zu wahrer Blüte verhalf dem Ort aber erst Heinrich der Seefahrer (1394–1460) [s. S. 108]. Er ließ ab 1443 die beiden Buchten *Mareta* im Süden und *Baleeira* im Osten von Sagres zu Schutzhäfen ausbauen. Es könnte auch sein, dass er hier seine *Seefahrerschule* [s. S. 108] errichtete,

Auf der Ponta de Sagres befand sich einst die Seefahrerschule von Henrique O Navegador

die den Ruhm Sagres' als geistiges Zentrum der großen portugiesischen Entdeckungsfahrten begründete. Gesicherte historische Belege fehlen jedoch. Sagres wurde durch das Erdbeben von 1755 fast vollständig zerstört und konnte sich von dieser Katastrophe nie erholen. Heute wirkt Sagres etwas verlassen. Weit verstreut stehen Häuser, Hotels und Restaurants an den wenigen Straßen, die im Westen am Fischereihafen **Porto da Baleeira** enden.

An die große Zeit im 15. und 16. Jh. erinnert jedoch die 2008 restaurierte **Fortaleza de Sagres** (Sept.–Juni tgl. 9.30–20, Juli, Aug. 9.30 –21.30 Uhr) auf der *Ponta de Sagres*, auch wenn von der legendären Seefahrerschule, die Heinrich der Seefahrer an dieser Stelle Mitte des 15. Jh. errichtet haben soll, nichts erhalten blieb. Die Festung wurde 1587 durch die Engländer unter Francis Drake und 1755 durch das große Erdbeben zerstört. Die monumentale Verteidigungsanlage, die den Felsen heute zum Land hin abschirmt, entstand Ende des 18. Jh. Durch das Eingangstor gelangt man in den Hof, der von den einstigen Stallungen und Wohngebäuden gerahmt wird. Sie wurden zu einem modernen **Centro da Informação** ausgebaut, das mit Schautafeln und historischen Exponaten wie Navigationsinstrumenten oder Karten über die Geschichte

Sagres' informiert. Rätsel gibt die riesige, aus kleinen, unregelmäßigen Steinen gelegte Windrose **Rosa dos Ventos** links vom Tor auf. Sie misst 43 m im Durchmesser und ist in 48 gleichgroße Segmente unterteilt, von denen jedes 7,5 ° eines Kreises und 30 Minuten der Erdumdrehung entspricht. Eventuell stellte man mit ihrer Hilfe nautische oder astronomische Berechnungen an.

Strände

Die Gegend um Sagres bietet wunderbare Szenerien mit gischtsprühendem Atlantik, atemberaubenden Felskulissen und geschützten Sandbuchten. Gegenüber der **Praia da Baleeira**, die sich direkt nördlich an den kleinen Fischereihafen von Sagres anschließt, erstreckt sich der lange Sandstrand der **Praia do Martinhal**. Zwei nette Lokale in gemütlichen Holzhäusern bieten einfache Speisen, erfrischende Getränke und – wenn nötig – Schutz vor Wind und Wetter. Die **Praia da Mareta** im Süden von Sagres liegt im Schutz der Felsenkaps Ponta de Sagres und Ponta da Atalaia und gilt als eigentlicher Hausstrand. Auf der anderen, westlichen Seite des Felsens liegt, deutlich stärker den Wellen und dem Wind ausgesetzt, die kleine **Praia do Tonel**, die über eine schmale Treppe von Sagres aus zu erreichen ist.

ℹ️ Praktische Hinweise

Information

Posto de Turismo, Rua Comandante Matoso, Sagres, Tel. 282 62 48 73

Turinfo, Praça da República, Sagres, Tel. 282 69 71 23. Privates Reisebüro am Ortseingang. Abgesehen von Atuo- und Fahrradverleih arrangieren die Mitarbeiter auch Bootstour und Tauchkurs.

Hotels

TOP TIPP ******Memmo Baleeira**, Baleeira, Sagres, Tel. 282 62 42 12, www.memmobaleeira.com. Luxuriös ausgestattetes Designhotel mit Meerwasserswimmingpool und einem großartigen Ausblick auf die Bucht von Baleeira sowie den Hafen von Sagres.

******Pousada do Infante**, Ponte de Atalaia, Sagres, Tel. 282 62 02 40, www.pousadas.pt. Der moderne Bau mit

Henrique O Navegador – ein Seefahrer, der Schiffsplanken scheute

Prinz Henrique (Heinrich) erblickte am 4. März 1394 in Porto als vierter Sohn des portugiesischen Königs João I. und seiner Frau Philippa von Lancaster das Licht der Welt. Den Beinamen **O Navegador**, der Seefahrer, erwarb sich der 21-jährige Henrique mit der erfolgreichen Eroberung von Ceuta, an der er von Lagos aus teilgenommen hatte. Der Name blieb, auch wenn er später nur noch äußerst selten in See stach. Henrique war ab 1419 Gouverneur der Algarve, Verantwortlicher für den Seehandel, Großmeister des Christusritterordens – und beseelt vom Gedanken, die Grenzen damaligen Wissens zu erweitern, ferne Länder und Kontinente zu erschließen und sagenumwobene Küsten zu erkunden. **Sagres**, am südwestlichen Ende Europas, schien der ideale Ort zu sein, um eine Seefahrerschule zu gründen. Henrique versammelte in der dortigen Fortaleza Fachleute für Meteorologie, Astrologie und Navigation aus aller Welt, ließ Seekarten zeichnen, Routen ausarbeiten, und neue Schiffstypen entwickeln. Darunter war auch die Karavelle, ein äußerst wendiges Schiff mit relativ geringem Tiefgang, das hoch am Wind segeln kann und zugleich tauglich für lange Seereisen ist. 1441 baute eine Werft in **Lagos** die ersten Schiffe dieses Typs. Prinz Henrique hatte den Ort östlich von Sagres wegen seiner günstigen Lage mit Blick auf die nordafrikanische Küste als Stützpunkt für die Flotte und Startpunkt für die Entdeckungsreisen gewählt. 1427 erreichten portugiesische Schiffe die Azoren, 1434 umsegelte Gil Eanes das westafrikanische Kap Bojador, 1444 gelangten Álvaro Fernandez und Diniz Dias bis zum Senegal. Portugal schickte sich an, Welt- und Kolonialmacht zu werden, suchte entlang der afrikanischen Küsten, später in Indien und Südostasien Gewürze, Gold und andere wertvolle Handelsgüter. Heinrich der Seefahrer, der die Grundlagen für diese Entwicklung gelegt hatte, starb am 13. November 1460 in Sagres, dem bevorzugten Aufenthaltsort seiner letzten Lebensjahre.

Idealbild: Heinrich der Seefahrer mit Seeleuten und Gelehrten

Swimmingpool liegt einsam auf den Klippen. Sensationell ist der Blick auf die Festung von Sagres.

****Pensão Residencial Dom Henrique, Praça da República, Sagres, Tel. 282 62 40 00. Das gepflegte Haus steht direkt am Marktplatz von Sagres. Von der Terrasse hat man einen herrlichen Meerblick.

Restaurants

A Tasca, Porto da Baleeira Sagres, Tel. 282 62 41 77. Am Fischereihafen von Sagres lädt eines der urigsten Fischlokale der Gegend zum Schlemmen ein.

Mar à Vista, Mareta, Sagres, Tel. 282 62 42 47. Das oberhalb der Praia da Mareta gelegene Lokal bietet eine große Terrasse und solide Speisen wie frischer Fisch (Nov.–März geschl.).

Papa 2, Rua Comandante Matoso, Sagres, Tel. 282 62 47 79. Verlockend sind hier die Langusten im Schlafrock, Seeteufelreis und die Kabeljau-Spezialitäten.

42 Cabo de São Vicente

Ende des alten Europa – Vorposten für heimkehrende Seefahrer.

In Sichtweite von Sagres ragt bereits die nächste Felsenspitze aus dem Atlantik, das ›Kap des Heiligen Vinzenz‹ am Ende einer 5 km langen und fast 1 km breiten

Weit ragt das von einem Leuchtturm bekrönte Cabo de São Vicente im Südwesten Portugals in den Atlantik hinaus – für die Menschen des Mittelalters war hier das Ende der Welt

Halbinsel. Sie ist bedeckt von einer mattenartigen Vegetation aus Flechten und Buschwerk. Über 60 m fallen die Klippen der Steilküste hier ab. Man kann sich kaum vorstellen, dass das von zwei Raben begleitete Boot mit dem Leichnam des hl. Vinzenz von Valencia nicht zerschellte, das der Legende nach im 4 Jh. hier landete und der Felsnase im äußersten Südwesten Europas den Namen gab.

Das Kap krönt seit 1846 ein **Faról**, ein 62 m hoher Leuchtturm. Schon im 16. Jh. unterhielten Mönche des Hieronymitenorden ein Feuer an dieser Stelle, um die Seefahrer vor den gefährlichen Felsen zu warnen. Die Ruinen ihres Klosters, das von Manuel I. stiftete, sind neben dem Leuchtturm zu sehen. Sein modernes, 3000 Watt starkes Licht ist 16–20 Seemeilen weit sichtbar – nach einer Atlantiküberquerung als eines der ersten erstes Zeichen für das sich nähernde europäische Festland und als willkommener Hinweis auf einen sicheren Hafen.

Vor der Küste des Kaps Cabo de São Vicente fand 1833, während des Bürgerkriegs, eine Schlacht zwischen Miguelisten und Liberalen statt. Letztere besiegten, unterstützt von den Engländern, die Anhänger des absolutistischen Miguel.

Von der Costa Vicentina in die Serras – Brandung, Berge, Burgruinen

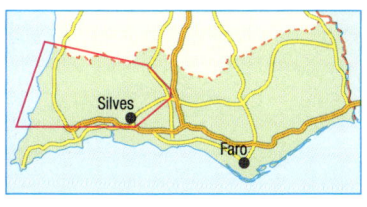

Die großartige Westküste der Algarve nennt man **Costa Vicentina**. Sie zieht sich vom namengebenden Cabo de São Vicente Richtung Norden hin. Von windgepeitschten **Felsplateaus** fallen Steilwände bis zu 150 m tief ins Meer ab, Unten aber lassen sie immer wieder Platz für abwechslungsreiche **Strände**. Zwischen schwarzen, rotbraunen oder ockergelb schimmernden Klippen verstecken sich je nach Witterung goldsandige Dünen oder in Gischtwolken gehüllte einsame Buchten. Die gesamte Westküste der Algarve steht seit 1988 auf einer Fläche von 75 000 ha als **Parque Natural do Sudoeste Alentejano e Costa Vicentina** unter Schutz. Der Naturpark zwischen Sagres und Sines im Alentejo soll die bisher wenig erschlossene Klippen- und Dünenlandschaft vor Zersiedelung und Zerstörung bewahren.

Östlich der Küste erheben sich im Landesinneren die **Serra do Espinhaço do Cão** und das Massiv der **Serra de Monchique**. Fast das ganze Jahr über leuchten die lang gezogenen Bergrücken in satt-saftigem Grün. Zwischen Bergland und Küstenstreifen lädt im Süden die alte Maurenstadt **Silves** zum Besuch von Burg, Kathedrale und Museen ein.

43 Torre d'Aspa bis Cabo Pontal

Traumstrände vor wildromantischer Steilküstenszenerie.

Keiner der traumhaften, wilden Atlantikstrände an der Westküste gleicht dem anderen. Die winzigen Orte ducken sich in Mulden des darüber liegenden Hochplateaus. Nur ein paar Ferienhäuser stehen hier und und da an der eigentlichen Küste, doch meist ist die Landschaft einsam und von naturbetontem Charme.

Von Vila do Bispo [Nr. 40] führt ein geteertes Sträßchen nach Westen. Von ihm führen ausgeschilderte, aber unbefestigte Feldwege mitunter recht hoppelig bis an die Steilküste heran, z. B. an den höchsten Felsen der Küste, den 147 m hohen **Torre d'Aspa**. Der Blick von den Klippen – bei stürmischem Wetter nicht ganz ungefährlich – öffnet einen faszinierenden Ausblick auf unzählige weitere Felsnasen, die sich entlang der Küste aneinanderreihen. Ungehindert branden die

Wellen an und schicken weiße Gischtwolken in die Höhe.

Weiter geht es auf der Küstenstraße N 268 gen Norden. Immer wieder führen Stichstraßen Richtung Meer. Jede der Abzweigungen ist mit einer überlebensgroßen abstrakten Skulptur aus hellem Kalkstein markiert. Die Werke stammen von einem nicht benannten zeitgenössischen Künstler. Der erste dieser ungewöhnlichen Wegweiser gilt der **Praia do Castelejo**, die steinig, aber bei Wellenreitern sehr beliebt ist. Als nächster Strand folgt die **Praia da Cordoama**. Zu Fuß ist auch die **Praia Barriga** nicht weit, allerdings muss man einige niedrige Felsen überklettern. Man kann auch den bequemeren Weg über die Straße wählen.

Etwa 6 km nördlich zweigt von der N 268 ein Zubringer zur breiten, sandigen **Praia do Amado** ab, die von den Surfschulen aus Lagos für den Unterricht genutzt wird. Das rund 600 m lange Halbrund des Strandes ist von spektakulären Felsen eingefasst. Das nur 3 km entfernte **Carrapateira**, ein freundliches Fischerdorf, bietet einige Privatzimmer und das kleine vollkskundliche Museum *Museu do Mar e da Terra da Carrapateira* (Mi–So 10–17 Uhr). Die Ausstellung erläutert die

Unendliche Weiten – bei Carrapateira dominieren Dünen die Küste

Feine Sandstrände wie hier bei Aljezur sind Kleinode an Portugals Westküste

große Bedeutung des Meeres für die Küstenbewohner. Direkt in die beeindruckende Natur führt vom Ort aus ein

TOP TIPP Teersträßchen, das eine Schleife entlang der Küste über das **Cabo Pontal** beschreibt. Auf dem Kap stehen einige bescheidene Holzhütten und ein Restaurant. Von den ausgehöhlten, wild gezackten Klippen gehen Felsenfischer ihrer waghalsigen Beschäftigung nach. Im Norden breitet sich beiderseits der Mündung der Ribeira da Carratapeira die **Praia Bordeira** aus, ein herrlich weiter Sandstrand.

ℹ Praktische Hinweise

Restaurant

TOP TIPP O Sítio do Río, in den Dünen zwischen dem Ort Carrapateira und der Praia da Bordeira, Tel. 282 97 31 19. Das gemütliche Lokal bietet Mittag- und Abendessen. Es gibt wunderbare Caldeirada, frischen Fisch, gegrillte Fleischspießchen mit Ingwersauce sowie ein täglich wechselndes vegetarisches Gericht, jeweils zu moderaten Preise (Di geschl.).

44 Aljezur

Maurische Befestigung und weltvergessene Felsenbuchten am Atlantik.

Von einer Anhöhe über dem Fluss Ribeira de Alfambres grüßen bei Aljezur (3500 Einw.) schon von weitem die Ruinen des **Castelo Mourisco**, des alten maurischen Kastells aus dem 10. Jh. Es wurde 1243 von den Christen erobert. Seine im Achteck angeordneten Außenmauern sind noch erhalten, obwohl sie zuletzt im 14. Jh. erneuert wurden. Steile Gassen führen auf den Burgberg, aber der weite *Ausblick* lohnt die Mühe des Aufstiegs. Im Osten sieht man auf der anderen Flussseite die weißen Häuser der Neustadt von Aljezur. Francisco Gomes de Avelar (1739–1816), Bischof von Faro, ließ sie Ende des 18. Jh. oberhalb der Flussniederung anlegen, um der Bevölkerung eine Alternative zum Wohnen in den ungesunden Sumpfgebieten zu bieten. Die **Altstadt** zu Füßen des Kastells zerfällt in zwei Bereiche nördlich und südlich des Burgbergs. Im Norden liegt das malerische **Zentrum**

mit der großen, dreischiffigen *Igreja Matriz* (18. Jh.) und drei netten kleinen Museen. An der Praça de 5 Outubro zeigt das **Museu Antoniano** in der Capela de Santo António (17. Jh.) Figuren des hl. Antonius, die nahe **Casa Museu Pintor José Cercas** (Di–Sa 10–12.30 und 14–16 Uhr) ist dem hier geborenen Maler Cercas (1914–1992) gewidmet und im alten Rathaus stellt das **Museu Municipal** (Di–Sa 9–13 und 14.30–17.30 Uhr) archäologische Funde aus. Auskünfte über die aktuellen Öffnungszeiten erhält man beim lokalen Heimatverein Associação de Defesa do Património Histórico e Arqueológico de Aljezur (Tel. 282 99 10 11).

Nach Westen sieht man vom Burgberg auf die Ribeira de Alfambres, die in einer fruchtbaren grünen Talaue gemächlich dem Meer zufließt. Auf dem vergleichsweise kahlen, sandverwehten Plateau oberhalb ihres Südufers ist in den letzten Jahren die Ferienhaussiedlung **Vale da Telha** entstanden.

Strände

Das Netz kleiner Küstenstraßen in der Umgebung von Aljezur ist nicht ausge-

schildert. Hält man sich ab Aljezur Richtung Süden, gelangt man zu der bei Surfern sehr beliebten **Praia da Arrifana** (mit Restaurant). Die 114 m hohe, spitze Felsnadel **Pedra da Agulha** überragt den schönen, von eindrucksvollen Felsen geschützten Sandstrand. Nach Norden geht er in eine vom Meer ausgewaschene Felsenlandschaft über, die sich gut 2,5 km bis zum Kap **Ponta da Atalaia** hinzieht. Es folgen die kleinen Strandbuchten von Fonte Santa, Atalaia und Fortaleza.

Im Norden dieses Küstenabschnitts liegt das rund 300 m lange Halbrund der **Praia de Monte Clérigo**, einer der schönsten Strände der Costa Vicentina. Goldener feiner Sand leuchtet zwischen gezackten dunklen Felsen, die ein wenig Schatten gewähren. Oberhalb der Bucht befindet sich eine kleine Siedlung aus Fischerhäusern und einigen Ferienunterkünften.

Das rechte Ufer an der Mündung der Ribeira de Alfambres nimmt die **Praia da Amoreira** ein. Wer die kräftige Brandung des Atlantiks meiden will, findet am Fluss auf 1 km Länge ein breites, ruhigeres *Sand- und Dünenareal.* Beim Betreten sollte man sich jedoch strikt an die abgesteckten Wege halten, um die Anpflanzungen nicht zu zerstören, welche die Küste vor Verwehungen schützen.

ℹ️ Praktische Hinweise

Information
Posto de Turismo, Largo do Mercado, Aljezur. Tel. 282 99 82 29, www.cm-aljezur.pt

Camping
***Parque de Campismo do Serrão**, Herdade do Serrão (N 120, 3 km nördlich von Aljezur bei Aldeia Velha), Tel. 282 99 02 20, www.parque-campismo-serrao.com. Sehr großer, gut ausgestatteter Platz ca. 5 km vom Strand entfernt.

Hotels
**Vale da Telha, Vale da Telha, Aljezur, Tel. 282 99 81 80, www.valetelha.pt. Hübschgelegene, behindertengerechte Ferienanlage (fünf Villen, 28 Zimmer) mit Pool.

Dom Sancho, Largo 1º de Maio, Aljezur, Tel. 282 99 70 70. Nette, einfache Pension bei der Kirche.

Restaurants

Oceano, Praia da Arrifana, Aljezur, Tel. 282 99 73 00. Der Name ist Programm: Es gibt z. B. *Arroz de Tamboril*, Reis mit Seeteufel, oder *Caldeirada*, scharf gewürzten Fischeintopf.

Paraiso do Mar, Praia da Amoreira, Aljezur, Tel. 282 99 10 88. In der unscheinbaren Baracke am Strand gibt es wunderbare Fischgerichte. Und besonders schön ist es, auf der Terrasse den Sonnenuntergang zu beobachten.

O Zé, Praia de Monte Clérigo, Aljezur, Tel. 282 99 86 21. Rustikales Lokal mit Blick auf den Strand. Hier ist frischer Fisch Ehrensache.

45 Odeceixe

 Abgelegenes Paradies mit kinderfreundlichem Strand an einer breiten Flussmündung.

Die N 120 von Aljezur nach Odeceixe führt durch kleine Dörfer, vorbei an Feldern, Kiefern- und Korkeichenwäldchen. Stichstraßen gehen zu schönen einsamen **Stränden** ab wie Vale dos Homens mit schrägen Schieferfelsen, Praia da Carriagem oder Praia da Samouqueira.

Odeceixe (1000 Einw.), der nordwestlichste Ort der Algarve, ist eines der hübschesten Dörfer an der Westküste. Es liegt an der Grenze zum Alentejo, etwa 3 km vom Meer entfernt am steilen Südufer des Flusses *Ribeira de Seixe*. Über dem Ort erhebt isch die weiße **Windmühle** aus dem 19. Jh., die der Müller noch manchmal in Betrieb setzt, um Mais zu mahlen.

Der malerische **Ortskern** mit seinen engen Gassen, gesäumt von schmalen, weiß gestrichenen Häuschen, wurde in bescheidenem Maße vom alternativen Tourismus entdeckt. In der alten **Adega**, der Winzergenossenschaft, kann man zur Weinprobe einkehren oder im Herbst beim Einkeltern zusehen. Zu einem Anziehungspunkt für Einheimische und Besucher ist die Bäckerei ›Padaria de Odeceixe‹ in der Rua da Botelha geworden, die ein deutsches Ehepaar erfolgreich führt.

Zwei Straßen führen beiderseits des Flüsschens hinaus zur prächtigen **Praia da Odeceixe**, die sich trichterförmig zum Meer hin öffnet. Vor der eigentlichen Mündung beschreibt die Ribeira de Seixe eine große Schleife um den breiten Sandstrand, sodass es ein wilderes Außen- und ein ruhigeres Binnenufer gibt – ideal für Kinder. Die schmale südliche Zufahrtsstraße führt durch das mit Weinreben bestandene bukolische Flusstal und endet bei einigen Häusern und Lokalen auf der Steilküste oberhalb des Strandes.

i Praktische Hinweise

Restaurant

O Retiro do Adelino, Rua Nova 20, Odeceixe, Tel. 282 94 73 52. Das einfache Restaurant-Café bietet auch einige nette Gästezimmer.

Schutz suchend schmiegt sich Odeceixe an den Hügel, nur die Windmühle trotzt den Elementen

Weiter Blick vom Gipfel des Fóia über lila blühenden Rhododendron in die Serra de Monchique

46 Serra de Monchique

Sommerfrische und Wunderparadies zwischen uralten Bäumen und einem Blütenmeer.

Die Serra de Monchique ist eine vulkanisches Bergformation, die sich etwa 30 km in West-Ost-Richtung erstreckt. Von den Gipfeln der Serra, allen voran dem *Fóia* (902 m) und dem *Picota* (774 m), überblickt man bei klarem Wetter den gesamten Küstenstreifen im Süden und Westen sowie das bewaldete Hügelland des südlichen Alentejo.

Das Berggebiet war schon im 19. Jh. eine beliebte **Sommerfrische** wohlhabender Bürger aus Faro und Portimão. Aus dieser Zeit stammen auch viele Villen inmitten von blühenden Blumen, Rhododendren, Magnolien und Mimosen,

Oleander und Jasmin. Die Gärten gehen über in uralte Olivenhaine und lichte Wälder mit Esskastanien, Platanen, Kiefern und Korkeichen, das Unterholz besteht aus wohlriechenden Baumheiden, Zistrosen, Lorbeerbüschen und Erdbeerbäumen.

Auf der Straße N 267 von Aljezur kommt man zunächst durch die Kiefern- und Eukalyptusaufforstungen der *Serra do Espinhaço do Cão*, dann geht es vorbei an den Obst- und Blumengärten des höheren Berglandes nach **Monchique** (5000 Einw.). Der Hauptort der gleichnamigen Serra liegt auf halber Höhe (458 m) an einen Berg geschmiegt, ein weißer Fleck zwischen dunklem Waldgrün. Das Leben in dem ruhigen Gebirgsdorf dreht sich um den zentralen, brunnengeschmückten Platz **Largo dos Chorões**, an dem einige Cafés und eine Aussichtsterrasse liegen. Hangaufwärts lohnt die im 15. und 16. Jh. erbaute, dreischiffige **Igreja Matriz** einen Besuch. Mit ihrem typischen, fünfzipflig auslaufenden Portalschmuck gilt sie als das besterhaltene Beispiel manuelinischer Baukunst der Algarve. Den Hauptaltar im azulejogeschmückten Inneren ziert die Marienfigur *Virgen da Conceição* aus dem 18. Jh., ein Werk Machado de Castros.

Den besten Blick auf das Labyrinth der schmalen Gassen und Dächer Monchiques hat man von den Überresten des Franziskanerklosters **Nossa Senhora do Desterro** (17. Jh.), die oberhalb des Ortes stehen. Hinter der Klosterruine beginnt ein Wanderpfad, der in etwa 5 Std. nach Westen auf den **Fóia** führt, den mit 902 m höchsten Gipfel der Serra de Monchique. Der Weg führt auf weiten Strecken durch schöne Eichen- und Eukalyptuswälder. Nur das letzte Stück ist schattenlos und stimmt damit auf die leider vollständig kahle Kuppe ein, die, von Sendemasten bestanden, wenig attraktiv ist. Bei klarem Wetter ist jedoch die Fernsicht beeindruckend. Im Westen und Süden kann man das Meer erahnen, im Norden dehnen sich die Hügel und Ebenen des Alentejo. Wenn die Wanderlust gerade fehlen sollte: Man erreicht den Fóia von Monchique aus auch bequem mit dem Auto, die N 265 führt auf einer Strecke von 8 km meist durch Mischwald. Und unterwegs gibt es immer wieder eindrucksvolle Aussichtspunkte.

ℹ️ Praktische Hinweise

Information

Posto de Turismo, Largo de São Sebastião, Monchique, Tel. 282 91 11 89, www.cm-monchique.pt

Einkaufen

Casa da Nogueira, Rua do Corro 2, Monchique, Tel. 282 91 13 77. Keramik in modernen und klassischen Formen.

Casa dos Arcos, Estrada Velha, Monchique, Tel. 282 91 10 71. Typisches Kunsthandwerk der Region, u. a. Weidenkörbe und Klappstühle aus Eschenholz nach historischem Vorbild.

Hotels

 ******Abrigo da Montanha**, Corte Pereiro, Monchique, Tel. 282 91 21 31, www.abrigodamontanha.com. Elegantes Hotel am Berghang mit Swimmingpool und angegliedertem Restaurant. Jedes der 14 Zimmer hat eine Terrasse mit Blick ins Tal und auf die Blumenpracht im Kameliengarten.

Minuh, Vale do Linho, Monchique (2 km außerhalb, Seitenweg der N 265 Monchique–Fóia), Tel. 282 91 11 75, www.residencia-minuh.com. Familiäres Gästehaus unter deutscher Leitung mit hübschem Garten.

Restaurants

Jardim das Oliveiras, Sítio do Porto Escuro (Seitenweg der N 265 Monchique

Eine Eselstärke ist in der Serra de Monchique meist völlig ausreichend

König und wohlhabendes Bürgertum suchten Heilung in Caldas de Monchique

– Fóia), Tel. 282 91 28 74. Mit erlesenen Antiquitäten eingerichtetes Haus. Die stille Terrasse geht auf einen Ölberg hinaus. An kühleren Abenden werden in den drei Gaststuben Kaminfeuer entfacht. Die Speisekarte bietet Verlockendes wie Spanferkel oder Wild.

Quinta de São Bento, Estrada da Fóia, Monchique, Tel. 282 91 27 00. In dem alten wunderbar am Hang gelegenen Landhaus verbrachte früher die königliche Familie Bragança ihre Sommer. Heute verwöhnt hier ein ausgezeichnetes Restaurant jedermann mit regionalen Köstlichkeiten (Mi. geschl.).

47 Caldas de Monchique

Der historische Kurort in parkartiger Umgebung wird wieder aufpoliert.

Caldas de Monchique, 250 m über dem Meeresspiegel gelegen, erhielt seinen Namen nach den schwefel- und mineralhaltigen **Thermalquellen**. Das 32,5 °C warme Wasser soll bei Rheuma- und Atembeschwerden sowie Hautkrankheiten Linderung verschaffen. Schon die Römer kurten in *Mons Cicus* und auch die Mauren nutzten die Heilquellen. Später hoffte König João II., hier seine Stoff-

wechselerkrankung zu heilen, erlag ihr aber 1495 in Alvor. Kurbaden kann man nur vor Ort, aber ein Mineralwasser wird in Flaschen abgefüllt in ganz Portugal verkauft.

Fährt man auf der EN 266 von Monchique Richtung Küste, muss man Acht geben, um nicht an dem kleinen **Kurbad** vorbeizufahren. Denn die Gebäude stehen versteckt hinter riesigen alten Kastanien und Akazien. Üppige Gärten wuchern an den Berghängen. Wenige elegante Hotels, teils in liebevoll restaurierten Villen aus der Zeit um die Wende vom 19. zum 20. Jh., versprechen einen geruhsamen Aufenthalt in himmlischer Umgebung. In der ersten Hälfte des vergangenen Jahrhunderts galt es noch als außerordentlich schick, in Caldas de Monchique zu kuren. Doch Mitte des 20. Jh. blieben die Gäste aus. Die Atmosphäre verblichener Grandezza, die man besonders deutlich spürt, wenn man am klaren Dorfbach entlangflaniert, macht heute den besonderen Reiz dieses Ortes aus. Um Caldas zieht sich außerdem ein Netz von **Spazierwegen**, die durch herrliche Gärten, lichte Laubwälder und über terrassierte Felder führen. Beispielsweise kann man in etwas über einer Stunde durch den hohen Bergwald bis Monchique hinaufsteigen.

ℹ Praktische Hinweise

Hotel

****Estalgem D. Lourenço**, Caldas de Monchique, Tel. 282 91 09 10, www.monchiquetermas.com. Das geschmackvoll eingerichtete Hotel mit 12 Zimmern gehört zu einer wunderschönen Thermalanlage mit drei weiteren komfortablen Hotel- und Apartmenthäusern sowie dem hervorragenden Restaurante 1692.

Restaurant

Rouxinol, EN 266 (östlich der Straße), Tel. 282 91 39 75. In dem gemütlichen Lokal bereitet ein skandinavisches Paar Speisen aus seiner Heimat zu – von Heringsplatte bis Himbeerkuchen (Mo geschl.).

48 Silves

Alte maurische Hauptstadt mit Orangenhainen und Mandelbäumen.

Ob man sich Silves von Osten, Westen oder Süden nähert, immer fällt der Blick zunächst auf die rötlichen Mauern der alten maurischen Burg. Die Häuser der Stadt (10 000 Einw.) gruppieren sich halbmondförmig um den Burgberg am Fluss **Rio Arade**, der früher auf gut 10 km Länge von der Mündung bei Ferragudo bis hierher schiffbar war. Heute bildet Silves städtebaulich eines der schönsten Ensembles der Algarve. Außerdem locken Märkte und bodenständige Geschäfte.

Geschichte Auf dem Hügel Cerro da Rocha Branca, etwa 1 km nördlich von

Schiffe, Tauwerk und Muscheln – die Manuelinik in Portugal

Während der Regentschaft der Könige Duarte, Afonso V., João II. und Manuel I. (1433–1521) entwickelte sich in Portugal eine der ungewöhnlichsten Stilvarianten der Spätgotik und Renaissance. Die aufstrebende **Seemacht** Portugal ließ Paläste, Kirchen und Klöster voller Selbstbewusstsein besonders reich dekorieren. Königliches Wappen und Monogramm sowie Christusritterkreuz sind allgegenwärtig. Zu den immer wiederkehrenden Motiven gehören außerdem jene aus der Seefahrt, wie Karavelle,

Manuelinik vom Feinsten: Das Hauptportal der Kirche in Monchique

Tauwerk, Armillarsphäre, aber auch Anker und Knoten. Beliebt als Schmuckelemente waren Korallen und Muscheln. Rätselhafte Meerungeheuer, exotische Pflanzen, sogar ein Nashorn verweisen stolz auf die portugiesischen Entdeckungen an der afrikanischen Küste, in Indien und Südostasien. Erst im 19. Jh. wurde für diese speziell portugiesische Stilvariante der Architektur die Bezeichnung **Manuelinik** geprägt. Unter König Manuel I. erlebte Portugal das **Goldene Zeitalter**. Im 15. und 16. Jh. brachten die lusitanischen Kapitäne aus immer neuen fernen Ländern unbekannte Speisen, Gewürze, wertvolle Edelsteine, Seide, Gold sowie Sklaven mit nach Hause. Portugal wurde durch den Überseehandel reich, seiner Macht schienen keine Grenzen gesetzt. Entsprechend prachtvoll wurden die Machtzentren der Könige und Bischöfe um- und ausgebaut. So entstanden die kunst- und fantasievollen manuelinischen **Steinmetzarbeiten**, die Tore, Wände und Fassaden verzieren. Die bekanntesten Beispiele, der Hafenturm *Torre de Belém* und das Hieronymiten-Kloster Mosteiro dos Jerónimos, befinden sich in Lissabon. An der Algarve fielen fast alle Bauwerke jener Epoche dem Erdbeben von 1755 zum Opfer. Erhalten sind nur einzelne Portale oder Chorräume mit manuelinischen Elementen in Kirchen, etwa in Luz de Tavira [Nr. 13] oder in Monchique [s. S. 115].

Unter den Mauren die Perle der Algarve – und noch immer bietet Silves einen prächtigen Anblick

Silves, fand man Reste der keltiberischen Handelssiedlung *Cilpes* aus der jüngeren Eisenzeit (ca. 500 v. Chr.). Auch die Römer ließen sich an dem geschützten **Flusshafen** mit seinen fruchtbaren Auen nieder, wovon u. a. die Fundamente der alten Brücke über den Arade zeugen. Aber seine Blütezeit erlebte der Ort ab dem 8. Jh. unter den Mauren, die **Xelb** zur Hauptstadt ihrer Provinz Al-Gharb machten. Mit 30 000 Einwohnern war die Stadt damals größer als Lissabon und galt als wichtigstes Zentrum westlich von Sevilla. Dichter, Denker, aber auch Fachleute für Bewässerung und Ackerbau waren hier zu Hause und sorgten für Kultur und einen hohen Lebensstandard

1189 eroberte Sancho I. Xelb mithilfe von **Kreuzfahrern** aus Brabant. Das prachtvolle Erscheinungsbild der Stadt beeindruckte ihn so sehr, dass er sich von nun an ›König von Portugal, Silves und der Algarve‹ nannte. Zwei Jahre später holten sich die Mauren die Stadt zurück, bis die Santiagoordensritter unter Peres Correia 1242 sie endgültig einnahmen und das nunmehrige **Silves** gleich zum Bischofssitz erklärten.

Auch nach der Reconquista hielt die Bevölkerung noch lange an der maurischen Kultur fest. Beispielsweise beschuldigte im 14. Jh. der Bischof den Bürgermeister der Vielweiberei und predigte intensiv christliche Moral. Als Antwort jagten die braven Leute von Silves um 1340 Bischof Alvaro Páis aus dem Land. Vom *Monte Joia* im Süden oberhalb der Stadt soll er den Ort verflucht haben. In der Tat begann damals der **Abstieg** zur Provinz, denn König Afonso IV. machte Faro 1577 zur neuen Haupt- und Bischofsstadt der Algarve. Der Arade versandete bald immer mehr und im 16. Jh. lebten nur noch 140 Familien in Silves. Nach dem Erdbeben von 1755 waren nur noch zehn Gebäude erhalten. Die mächtige Burg jedoch überdauerte die Wechselfälle der Geschichte. Im 19. Jh. wurden ihre Vierecktürme erst zu Pulverkammern, dann zu Gefängnissen umfunktioniert, was sie bis 1947 blieben.

Heute lebt Silves überwiegend vom Handel sowie vom Anbau von Zitrusfrüchten und Mandeln. Die nahen Stauseen ermöglichen eine intensive Bewässerung, sodass auf den Feldern vor der Stadt auch Tomaten, Avocados und Melonen gedeihen.

Besichtigung Nähert man sich Silves von Osten, kann man sein Auto auf einem der größeren Parkplätze an der Fábrica do Inglês abstellen. Von Süden und Westen kommend, folgt man am besten zunächst dem Fluss und umrundet dann die Stadt in Richtung Westen. Im westlichen Teil der Stadt befindet sich der Largo Mártires de Patria mit der kleinen Kir-

In der Altstadt findet man noch Reste der historischen Stadtmauer

che **Capela de Nossa Senhora dos Mártires** ➊. Sie wurde im 12. Jh. erbaut und den Gefallenen der Reconquista geweiht. Obwohl sie später mehrfach umgebaut oder wieder aufgebaut wurde, enthält sie einige manuelinische Stilelemente und schöne Altäre.

Auf der Rua Dom Afonso III gelangt man vorbei an Resten des Stadtmauerrings hinauf zum **Castelo Mauro** ➋ (Tel. 282 44 56 24, Juli–Sept. tgl. 9–18.30, Okt.–Juni tgl. 9–17 Uhr). Es wird vermutet, dass an dieser Stelle bereits ein römisches *Castrum* stand. Von der maurischen Burg aus dem 9. Jh. ist ein vollständiger Außenring mit elf Türmen erhalten, der bereits in den 1930er-Jahren restauriert wurde. Nach einer erneuten Restaurierung 2009 liegt fast ein Hauch

von Tausendundeiner Nacht über der Anlage. Die zinnenbekrönten Mauern, die aus einer Mischung von Ton, Schotter, Kies und Kalk mit dem roten Sandstein der Gegend bestehen, bieten einen beeindruckenden Anblick auf der Hügelkuppe. Vor dem Eingang hält die kraftstrotzende Bronzestatue *König Sanchos I.* Wache, des ersten christlichen Eroberers der Stadt. Die Mauren übrigens waren Meister im Umgang mit Wasser. Davon zeugen im Burghof der Hundebrunnen *Poço dos Cães* und die Zisterne der Verzauberten Maurin, die riesige überwölbte *Aljibe da Moura Encantada*, die auch heute noch die Stadt mit Wasser versorgt. Vor dieser Kulisse finden an Sommerabenden häufig stimmungsvolle Konzerte statt. Vom *Laufgang* auf den Wehrmauern der Burg blickt man weit über die roten Dächer der Stadt ins Aradetal.

Direkt neben der Burg erhebt sich die dreischiffige Kathedrale **Sé** ➌ (Tel. 282 44 24 72, Mo–Fr 9–13 und 14–18, Sa 9–13 Uhr). Ihre weiße Fassade ist durch rote Pilaster und Liniendekor am wellenförmigen Volutengiebel akzentuiert, die Hauptrolle aber spielt das mächtige gotische Stufenportal mit hübschen grauen Marmorsäulen im Gewände. Die Kirche entstand im 13. Jh. nach der Reconquista über den Resten einer Moschee. Das Erdbeben von 1755 hatte dem Bau stark zugesetzt, bei Restaurierungen 1933–55 konnten die ursprünglichen gotischen Formen, etwa im Bereich von Vierung und Chor, wiederhergestellt werden. Am Rand der Chor-

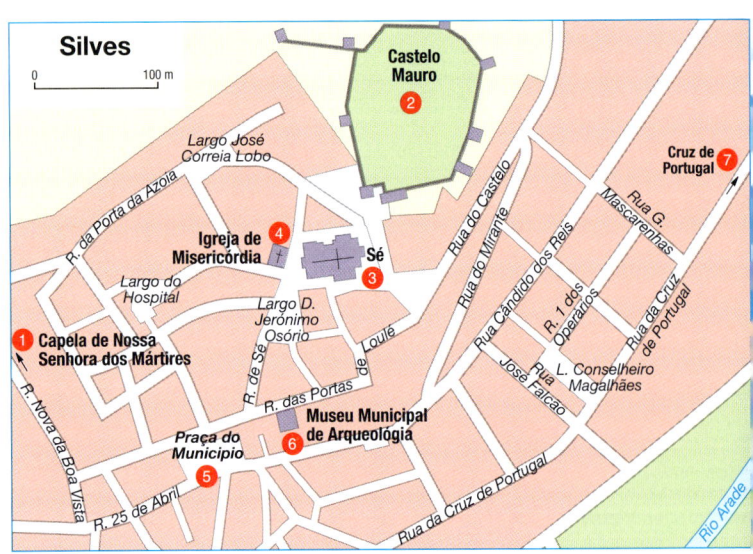

Noch aus arabischer Zeit stammt der Brunnen im Archäologischen Museum

apsis sind noch alte Grabplatten zu sehen, darunter diejenige für König João II. Sein Leichnam wurde hier 1495 zur letzten Ruhe gebettet, später aber ins Kloster von Batalha überführt. Ungewöhnlich ist der von der Kirche zugängliche Schneckenturm, die *Torre do Caracol*. Eine in die Kirchenwand hineingefügte Wendeltreppe führt hinauf in den Glockenturm.

Westlich der Sé steht die **Igreja de Misericórdia** ❹. Von der ursprünglich im 16. Jh. errichteten Kirche ließ das Erdbeben von 1755 nur ein manuelinisches Seitenportal übrig und im einschiffigen Inneren ein manieristische Altarretabel aus dem 17. Jh., auf dem in sieben Szenen die Werke der Barmherzigkeit dargestellt sind. Gleichfalls anrührend, wenn auch etwas naiv sind die Gemälde des Padre Gloria aus dem 19. Jh. Seine ›Heimsuchung‹ etwa schmückt den Hauptaltar.

Bergab gelangt man über die Rua da Sé bald auf die **Praça do Municipio** ❺, an der ein großer Verteidigungsturm der alten Stadtmauer mit der *Porta de Loulé* erhalten ist. Auf dem Platz steht der aus rotem Sandstein gehauene **Pelourinho** von Silves, eine Rekonstruktion des ursprünglichen Prangers aus dem 16. Jh.

Hinter dem Stadttor fügt sich das modern konzipierte **Museu Municipal de Arqueológia** ❻ (Rua das Portas de Loulé 14, Tel. 282 44 48 32, Mo–Sa 9–17.30 Uhr) in die Häuserfront ein. In dem eher unscheinbaren Gebäude, ursprünglich ein Wohnhaus aus dem 19. Jh., wurde bei Bauarbeiten ein ungewöhnlicher maurischer *Brunnen* (12./13. Jh.) von 20 m Tiefe entdeckt, der nunmehr das Glanzstück des hier ansässigen Archäologischen Museums darstellt. Eine Wendeltreppe mit Bogenöffnungen führt im Gewände des Brunnenschachts in die Tiefe. Die informative Ausstellung präsentiert auch weitere spannende Exponate, deren Geschichte sich von der Vor- und Frühgeschichte über Römerzeit und Mittelalter bis ins 17. Jh. erstreckt. Man sieht Grabstelen aus der Eisenzeit mit den ältesten Inschriften der Region, in einer noch nicht entschlüsselten Sprache, aber auch keltiberische Grabbeigaben sowie Tonarbeiten und Keramik, die südspanische und nordafrikanische Einflüsse verraten.

Verlässt man die Stadt Richtung São Bartolomeu de Messines, sieht man am Stadtrand im Schutz eines offenen Pavillons mit Säulen aus rotem Sandstein das 3 m hohe spätgotische **Cruz de Portugal** ❼. Das Kruzifix aus weißem Kalkstein zeigt auf der Vorderseite den gekreuzigten Christus, auf der Rückseite die Kreuzabnahme. Es ist das einzige Werk seiner Art an der Algarve und stammt vermutlich aus Nordportugal.

TOP TIPP

ℹ️ Praktische Hinweise

Information

Posto de Turismo, Rua 25 de Abril, Silves, Tel. 282 44 22 55

Hotels

***Colina dos Mouros**, Pocinho Santo, Silves, Tel. 282 44 04 20 www.colinahotels.

com. Modernes Hotel mit Garten und Swimmingpool am linken Aradeufer. Die meisten der 57 Zimmer bieten einen sehr schönen Blick auf Silves.

Quinta do Rio, São Estevão (Richtung São Bartolomeu de Messines), Silves, Tel. 282 44 55 28. Sechs Zimmer in familiärem Turismo rural-Haus in ruhiger ländlicher Umgebung.

Restaurants

Casa Velha, Rua 25 de Abril 13, Silves, Tel. 282 44 54 91. In dem populären Lokal in Sichtweite der Porta de Loulé isst man Cataplana und andere traditionelle Gerichte.

Recanto dos Mouros, Monte Branco, Silves, Tel. 282 44 32 40. Nördlich der Burg gelegenes Ausflugslokal mit Blick auf Silves. Rustikales Gebäude mit großem Speisesaal. Schöne Umgebung für Spaziergänge.

49 Westliche Serra do Caldeirão

Wanderfreuden in urtümlichem Hügelland.

Von Silves führt eine kleine gewundene Straße durch Eukalyptuswald und landwirtschaftlich genutztes Gebiet nach Norden. Man kommt hier und da einmal an einem Weiler, einem Gehöft oder einem Hirten mit seiner Schaf- bzw. Ziegenherde vorbei. Siedlungen sind in den kargen Hügeln der Serra do Caldeirão selten. **São Marcos da Serra** ist ein typisches Dorf: Still und weiß liegt es an einem steilen Hang, die Kamine sind fantasievoll gestaltet. Die Alten sitzen vor den Häusern auf Bänken oder hocken in einer der Dorfkneipen. Wer wissen will, wie das einfache ländliche Leben vor dem Tourismusboom an der Küste einmal war, sollte sich hier umschauen.

Kork – ein vielseitiges Naturprodukt

150 000–200 000 t **Kork** produziert Portugal jährlich, das sind über 50 % des weltweiten Bedarfs. Korkeichen wachsen im Alentejo und an der Algarve auf ungefähr 680 000 ha. *Quercus suber*, auf Portugiesisch *Sobreiro*, ist ein immergrüner Baum, der 8–10 m hoch und bis zu 200 Jahre alt wird. Seine abgeschälte **Rinde** liefert den kaum wärmeleitenden, gut dämmenden, flexiblen und beständigen Rohstoff Kork. Sobald ein Baum etwa 20 Jahre alt ist, kann er alle 7–9 Jahre geschält werden, das Jahr wird mit weißer Farbe auf den Stämmen notiert. ›Geerntet‹ wird in den trockenen Monaten Mai bis September, danach hat der Stamm eine leuchtend gelbe Farbe, die schnell in Rot umschlägt. Die Rindenplatten werden gewässert und gestapelt, dann gekocht, gepresst und entweder am Stück oder zu Schrot zerkleinert weiterverarbeitet. Aus einer Tonne Rohmaterial lassen sich rund 200 kg Kork gewinnen.

Die ersten Kork verarbeitenden **Fabriken** an der Algarve entstanden im 19. Jh., zunächst zur Herstellung von Flaschenkorken und Schwimmern für Fischernetze, später wurden auch Isoliermaterial und Zigarettenfilter gefertigt. 1924 gab es allein in der Umgebung von Silves 24 derartige Unternehmen mit etwa 1000 Angestellten. Doch als der Arade zusehends versandete, zogen Korkhandel und verarbeitende Betriebe nach Lissabon um. An der Algarve ist heute São Brás del Alportel [Nr. 7] das Zentrum der Korkindustrie, die immer wieder mit Absatzproblemen zu kämpfen hat, z.B. weil Winzer auf Plastik- oder Glaskorken umsteigen. Allerlei Wissenswertes über die Gewinnung Verarbeitung und Nutzung von Kork in der Geschichte und heutzutage erfährt man entlang der 2008 eingerichteten **Rota da Cortiça** (Route des Korks, www.rotadacortica.pt).

Die Kunst besteht darin, Korkeichenrinde möglichst in einem Stück abzuschälen

Manche Dinge ändern sich nie – vor der mit Voluten und Säulen geschmückten Fassade der Igreja Matriz in São Bartolomeu de Messines parkt ein Pferdefuhrwerk

In der Serra do Caldeirão scheint die Zeit stehen geblieben zu sein. Die Bewohner jagen Hasen, Rebhühner oder auch mal ein Wildschwein, die Frauen bestellen ihre Gärten. Ab und zu schaut jemand nach den Bienenstöcken, alle neun Jahre werden die Korkeichen geschält. Manche Reisende schätzen die waldreiche Gegend, weil sie sich für herrliche, einsame **Wanderungen** eignet. In den aus Kalkstein bestehenden Höhenzügen gibt es einige ungesicherte Karsthöhlen, die zugänglich sind, aber nicht ohne angemessene Ausrüstung betreten werden sollten.

ℹ️ Praktische Hinweise

Restaurant

O Cantinho dos Caçadores, EN 264, Tel. 282 36 12 69. Das bodenständige Lokal ist auf Wild spezialisiert (Di geschl.).

50 São Bartolomeu de Messines

Das Städtchen mit seiner sehenswerten Kirche ist Geburtsort eines großen Dichters.

Zwischen den Berghängen der Serra de Monchique und der Serra do Caldeirão verläuft die Autobahn E 01 von der Algarve nach Lissabon. In den Orten rechts und links der Straße scheint das Leben jedoch auch weiterhin unbeeinflusst von den großen Wirtschafts- und Touristenzentren zu verlaufen. São Bartolomeu de Messines, kurz **Messines** genannt, ist eine solche Siedlung. Sie liegt in einer fruchtbaren Ebene am Fuße des nur mäßig hohen *Penedo Grande*. Im neueren Ortsteil kreuzen sich die wichtigsten Landstraßen des Algarve-Hinterlandes. Begibt man sich aber ein paar Gassen weiter, wird es ruhig und gemütlich. Den exponiertesten Platz zwischen Durchgangsstraße und altem Ortskern nimmt die **Igreja Matriz** ein, eine sorgfältig restaurierte Barockkirche, deren Ursprünge bis ins 14. Jh. zurückreichen. Die heutige Fassade stammt aus dem Jahr 1716. Das Portal flankieren zwei gedrehte Säulen, ein an der Algarve seltenes Motiv, das im Inneren der dreischiffigen Kirche die Säulen wieder aufgreift, die die Seitenschiffe vom Hauptschiff trennen. Der lichte Raum wird von einer hölzernen Kasseltendecke überfangen. An den Wänden sieht man bunte Kachelgemälde aus dem 17. Jh. mit Darstellungen von Heiligen.

Neben der Kirche befindet sich die **Casa João de Deus** (www.joaodeus.com, Mo–Fr 10–13 und 14.30–18 Uhr), das Geburtshaus des Dichters João de Deus (1830–1896). Seine Gedichtbände *Flores do Campo*, Blumen des Feldes (1869), und *Campo de Flores*, Feld von Blumen (1893), machten ihn bekannt. Seine pädagogisch fortschrittliche Schulfibel *Cartilha Maternal* wurde zum jahrzehntelang im ganzen Land genutzten Standardwerk und brachte ihm die Ehre ein, nach seinem Tod im Hieronymitenkloster von Belém beigesetzt zu werden.

Algarve aktuell A bis Z

◼ Vor Reiseantritt

ADAC Info-Service:
Tel. 018 05 10 11 12 (0,14 €/Min.)

Unter dieser Telefonnummer und bei den ADAC Geschäftsstellen können ADAC Mitglieder kostenloses Informations- und Kartenmaterial anfordern. Im ADAC Verlag sind auch Reiseführer zu *Portugal* und zu *Lissabon* erschienen.

ADAC im Internet:
www.adac.de
www.adac.de/reisefuehrer

Algarve im Internet:
www.visitalgarve.pt

Portugal im Internet:
www.visitportugal.com

Deutschland
Turismo de Portugal, Zimmerstr. 56, 10117 Berlin, Tel. 030/254 10 60

Österreich
Turismo de Portugal, Opernring 1, Stiege R, 2. OG, 1010 Wien, Tel. 08 10/90 06 50

Schweiz
Turismo de Portugal, Zeltweg 15, 8032 Zürich, Tel. 08 00/10 12 12

◼ Allgemeine Informationen

Reisedokumente

Deutsche, Österreicher und Schweizer, auch Kinder unter 12 Jahren, benötigen einen gültigen Personalausweis oder einen Reisepass.

Kfz-Papiere

Man benötigt einem gültigen Führerschein und die Zulassungsbescheinigung Teil 1 (vormals Fahrzeugschein). Die Internationale Grüne Versicherungskarte ist zwar nicht vorgeschrieben, aber im Notfall nützlich. Empfohlen wird auch der Abschluss einer Kurzkasko- und Insassen Unfallversicherung.

Krankenversicherung

Die Europäische Krankenversicherungskarte ist in die übliche Versicherungskarte integriert. Sie wird in ganz EU-Europa anerkannt und garantiert eine eventuell notwendige ärztliche Behandlung und Versorgung. Zusätzlich empfiehlt sich jedoch der Abschluss einer privaten Reisekranken- und Rückholversicherung.

Hund und Katze

Für Hunde und Katzen ist bei Reisen innerhalb der EU ein gültiger, vom Tierarzt ausgestellter EU Heimtierausweis vorgeschrieben, ebenso Kennzeichnung durch Mikrochip oder Tätowierung.

Zollbestimmungen

Innerhalb der EU dürfen Waren zum eigenen Verbrauch unbegrenzt mitgeführt werden. Zur Abgrenzung von privater und gewerblicher Verwendung gelten folgende Richtmengen: 800 Zigaretten, 400 Zigarillos, 200 Zigarren, 1 kg Rauchtabak, 10 kg Kaffee, 10 l Spirituosen, 20 l andere alkoholische Getränke bis 22 % Alkoholgehalt, 90 l Wein (davon max. 60 l Schaumwein) und 110 l Bier.

Für Reisende aus Nicht-EU-Ländern (Schweiz) gelten folgende Obergrenzen: 200 Zigaretten oder 50 Zigarren, 1 l Spirituosen mit mehr als 22 % alc. oder 2 l unter 22 % alc., 4 l Wein, 16 l Bier, 50 ml Parfüm, 250 ml Eau de Toilette, 500 g Kaffee, 100 g Tee, Waren bis zu einem Wert von 300 €, bei Flug- und Seereisen 430 €.

Information: www.zoll.de

Geld

Währungseinheit ist der Euro.

Die gängigen *Kreditkarten* werden in allen Banken sowie in den meisten Hotels, Restaurants, Geschäften und Tankstellen akzeptiert. An zahlreichen Geldautomaten im ganzen Land kann man mit einer Kredit-, der Maestro- oder Postbank-Card rund um die Uhr Geld abheben. Außerdem erhält man mit der *Postbank Spar-Card* an allen VISA-PLUS-Automaten Geld (max. 2000 €/Monat).

Tourismusämter im Land

In allen Städten und größeren Orten der Algarve gibt es Tourismusbüros, **Posto de Turismo**, die in der Regel Mo–Sa während der normalen Geschäftszeiten geöffnet haben. Sie informieren gratis über Unterkünfte, Restaurants, Sehenswürdigkeiten, Veranstaltungen sowie über Ausflüge und geben Stadtpläne aus. Die Adressen dieser Büros sind im Haupttext unter *Praktische Hinweise* am Ende jedes Punktes angeführt. Das Büro für die gesamte Region befindet sich in Faro:

Região de Turismo do Algarve, Avenida 5 de Outubro 18, Faro, Tel. 289 80 04 00, turismodoalgarve@turismodoalgarve.pt www.visitalgarve.pt

Notrufnummern

Notruf: Tel. 112 (EU-weit, auch mobil: Polizei, Unfallrettung, Feuerwehr)

Pannenhilfe des ACP: Tel. 219 42 91 03 (Lissabon), Tel. 228 34 00 01 (Porto)

ADAC-Partnerclub: ACP, Automóvel Club de Portugal, Rua Rosa Araújo 24, 1200 Lissabon, Tel. 213 18 01 00, www.acp.pt

ADAC-Notrufstation Barcelona: Tel. 00 34/935 08 28 08 (gilt auch für die Algarve, rund um die Uhr)

ADAC-Notrufzentrale München: Tel. 00 49/89/22 22 22 (rund um die Uhr)

ADAC-Ambulanzdienst München: Tel. 00 49/89/76 76 76 (rund um die Uhr)

ÖAMTC Schutzbrief-Nothilfe: Tel 00 43/1/251 20 00, www.oeamtc.at

TCS Zentrale Hilfsstelle: Tel 00 41/2 24 17 22 20, www.tcs.ch

Ärztliche Versorgung

Privatkliniken und Ärzte mit 24-Stunden-Service und deutsch- oder englischsprachigem Personal:

Clinica Santa Catarina, Rua Caetano Feu 2, Praia da Rocha, Portimão, Tel. 282 43 08 80.

CliOura-Clinic, Estrada de Santa Eulália, Areias São João, 8200 Albufeira, Tel. 289 58 70 00

Deutsche Arztpraxis, Rua do Barranco 2, Carvoeiro, Mo–Fr 10–13 und 17–19 Uhr, Tel. 282 35 63 39, Notruf 962 61 85 88 (rund um die Uhr). Im Zentrum gegenüber dem Tourismusbüro.

Zahnärzte

Dr. Axel Geiger, Estrada do Farol 27, Carvoeiro, Tel. 282 35 03 00, Mo–Mi 9–13 und 15–19, Do 9–15, Fr 9–17 Uhr, Notruf 965 09 63 75. Gegenüber dem Markt.

Dr. Marcus Letsch, Clínica Dentária de Carvoeiro, Cerro dos Pios, Rua do Farol 2, Carvoeiro, Tel. 282 35 68 77, Mo–Fr 9–12.30 und 15–18.30 Uhr, Notruf 914 02 81 15

Die **Apotheken** (*Farmácias*) haben Mo–Fr 9–13 und 15–19 Uhr, Sa 9–13 Uhr geöffnet. Rotierender 24-Stunden-Notdienst in den Städten (Adressen in jeder Apotheke).

Diplomatische Vertretungen

Deutsches Honorarkonsulat, Urbanisation Infante Dom Henrique, Lote 11, 8000-490 Faro, Tel. 289 80 31 48, www.honorarkonsul-faro.de

Österreichisches Honorarkonsulat, Rua Ramalho Ortigao, Praia da Oura, 8200-604 Albufeira, Tel. 289 51 09 00, www.bmeia.gv.at

Schweizer Botschaft, Travessa do Jardim 17, 1350-185 Lissabon, Tel. 213 94 40 90, www.eda.admin.ch/lisbon

Besondere Verkehrsbestimmungen

Tempolimits (in km/h): für alle motorisierten Verkehrsteilnehmer innerorts 50. Pkw, Motorräder und Wohnmobile bis 3,5 t außerorts 90 bzw. 100 (ausgeschildert), auf Autobahnen 120. Wohnmobile über 3,5 t außerorts 80 bzw. 90, auf Autobahnen 110. Pkw mit Anhänger außerorts 70 bzw. 80, auf Autobahnen 100.

Die *Promillegrenze* liegt bei 0,5.

Fahrer, die den Führerschein noch kein ganzes Jahr besitzen, dürfen höchstens 90 km/h fahren. Die entsprechenden Plaketten sind in den Büros des ACP erhältlich und müssen sichtbar am Heck des Fahrzeuges angebracht sein.

Wohnmobile und Anhänger sind bis zu 2,5 m Breite und 12 m Länge zugelassen.

Rechts hat Vorfahrt, jedoch motorisierte Fahrzeuge immer vor Radfahrern und Fuhrwerken.

■ Anreise

Auto

Für die rund 3000 km von Deutschland an die Algarve muss man mit dem Pkw zwei bis drei Tage Fahrzeit überwiegend auf

Autobahnen und etwa 85 € Mautgebühren einkalkulieren. Je nachdem ob man von Nord- oder Süddeutschland aus startet, ist die Strecke über Paris–Bordeaux–Baskenland–Madrid–Sevilla zu empfehlen oder über Lyon–Avignon – Barcelona und von dort kostenpflichtig entlang der Mittelmeerküste. Auf der A 22 in der Algarve gibt es seit 2011 ein *elektronisches Zahlungssystem*. Die Abbuchung erfolgt über spezielle Sender. Für im Ausland zugelassene Fahrzeuge sind sie in den Vertriebsstellen der VIA VERDE erhältlich und für zeitbegrenzte Benutzung gültig.

Infos: www.adac.de/reise-freizeit/maut

Bahn

Die Bahnreise nach Portugal ist ein zwei- bis dreitägiges Abenteuer, das nur mit Zwischenstopps zu empfehlen ist. Die wichtigsten Umsteigestationen sind Paris und Madrid. In Paris fahren die Züge von der Gare d'Austerlitz Richtung Madrid und von dort weiter nach Lissabon zum Gare de Oriente, wo es Anschlusszüge in Richtung Algarve gibt.

Deutsche Bahn, Tel. 018 05 99 66 33, www.bahn.de

Bus

Busse der *Touring eurolines* fahren von mehreren deutschen Städten nach Faro, so von Hamburg in 52 oder von Köln in 48 Stunden.

Deutsche Touring, Am Römerhof 17, 60486 Frankfurt/M., Tel. 069/790 35 01, www.touring.de

Flugzeug

Aeroporto de Faro, Tel. 289 80 08 01, Tel. 289 80 06 17, www.ana.pt

Lufthansa (www.lufthansa.de), *TAP Portugal* (www.flytap.com) sowie zahlreiche Chartergesellschaften fliegen den Flughafen Faro mehrmals wöchentlich von den großen deutschen Flughäfen wie Berlin, Frankfurt/M. und München sowie von Wien und Zürich an. Die Flugzeit beträgt etwa 3 Std.

Der Flughafen befindet sich 8 km westlich der Stadt. Alle bekannten *Mietwagen-Agenturen* unterhalten Büros am Terminal. Etwa einmal pro Stunde verkehren Busse der Linien 14 und 16 (www.eva-bus.com) zwischen dem Terminal und der Avenida da República in Faro Auch *Taxis* vom Flughafen ins Stadtzentrum sind durchaus erschwinglich.

◼ Bank, Post, Telefon

Bank

Banken *(Bancos)* sind Mo–Fr 8.30–15 Uhr geöffnet.

Post

Postämter *(Correios)* sind Mo–Fr 9–18 Uhr, Flughafen- und Hauptpostämter auch Samstag geöffnet; in kleinen Orten sind sie von 12.30 bis 14 Uhr geschlossen. Briefkästen (Marcos Postal) sind rot.

Telefon

Internationale Vorwahlen
Portugal 003 51
Deutschland 00 49
Österreich 00 43
Schweiz 00 41

In Portugal sind die Rufnummern neunstellig, die Ortsvorwahlen sind integriert und werden immer mitgewählt.

In Portugal können handelsübliche **Mobiltelefone** aller deutschen Anbieter benutzt werden.

Von öffentlichen Telefonkabinen *(Cabines Telefónica)* kann man mit Münzen oder Telefonkarten ins In- und Ausland anrufen. Telefonkarten *(Cartão Credifone)* gibt es bei der Post und in Geschäften, an denen ein Schild ›Credifone‹ anzeigt.

◼ Einkaufen

Geschäftszeiten: in der Regel Mo–Fr 9–13 und 15–19, Sa 9–13 Uhr

Große Einkaufszentren öffnen Mo–Sa meist von 10 bis 24 Uhr. Kleine Lebensmittelgeschäfte und die Läden in Feriensiedlungen haben in der Regel täglich und mindestens bis 20 Uhr geöffnet.

Die Einkaufsmöglichkeiten an der Algarve sind breit gefächert, von der exklusiven modernen Shopping Mall der Quinta do Lago, dem **Algarve Shopping** östlich von Guia an der EN 125 oder dem **Forum Algarve** (tgl. 9–24 Uhr) bei Faro an der gleichen Straße über die gediegenen Boutiquen um Almancil oder die zahllosen Andenken- und Nippesläden in Albufeira bis zu den normalen Stadtgeschäften von Faro.

Die Preise schwanken zwischen dem normalen portugiesischen Niveau, das etwas unter dem mitteleuropäischen

Beutel, Börsen, Brieftaschen – die Auswahl an Lederwaren ist groß

liegt, und exorbitanten Auszeichnungen, die auf das exklusive Golfpublikum abgestimmt sind.

Bei Einheimischen und Touristen beliebt sind die **Märkte** (in der Regel 8–13 Uhr): samstags in Loulé [Nr. 5] und Lagos [Nr. 35], mittwochs in Quarteira [Nr. 22], jeden zweiten Samstag im Monat in Tavira [Nr. 14] und jeden ersten Montag im Monat in Portimão [Nr. 32]. An jedem 1. und 4. Sonntag kann man in Almancil [Nr. 3] und an jedem 1. Sonntag in Moncarapacho [Nr. 12] in buntes Markttreiben eintauchen, an den meisten Donnerstagen kann auf dem Markt von Boliqueime einkaufen [Nr. 23].

Es gibt an der Algarve wenig Regionaltypisches zu kaufen, am ehesten noch *Korbwaren* und *Keramik*. Lederwaren werden in der Regel aus Marokko importiert und sind recht preisgünstig. In der Serra gibt es Kunsthandwerk aus Holz und Kork, z. B. Schnitzereien oder Puppen. Empfehlenswert und garantiert aus lokaler Produktion sind der Medronho-Schnaps (*Aguardente*) [s. S. 74] und einige Fruchtliköre.

■ Essen und Trinken

Die Küstenregion Algarve war lange Zeit arm und dünn besiedelt. Entsprechend einfach und ländlich ist die **ursprüngliche Küche**. Es ist ein gewisser arabischer bzw. andalusischer Einfluss zu bemerken, den es im sonstigen Portugal nicht gibt.

Frischer Fisch aus dem Atlantik spielt eine entscheidende Rolle auf dem Speiseplan. Einige der Fischarten sind in Mittel-

europa gar nicht bekannt und ihre Namen deshalb auch kaum übersetzbar. Man sollte die Bedienung daher immer nach frischem Fisch, *Peixes frescos*, fragen. Gut ist in aller Regel auch die als Vorspeise geeignete **Fischsuppe**, *Sopa de Peixe*, wogegen die *Caldeirada de Peixe* schon eine ganze Mahlzeit ist: ein mit verschiedenen Fischsorten und Gemüsen zubereiteter Eintopf auf Meerwasserbasis. Weitere Spezialitäten sind große und kleine **Tintenfische** – *Polvos und Lulas*. Mindestens einmal probieren sollte man das Nationalgericht *Bacalhau*, eingepökelten **Kabeljau**. Für seine Zubereitung, so heißt es, gebe es für jeden Tag des Jahres ein anderes Rezept. Die verschiedenen **Reisgerichte** mit Fisch, *Arrozes*, sind relativ flüssige Eintopfgerichte, die häufig stark nach frischem Koriander schmecken. In ganz Portugal wird das **Gebäck** von der Algarve geschätzt, das den maurischen Einfluss am deutlichsten zeigt. Auf Basis von Honig, Zucker und Mandeln entstehen z. B. *Morgados* und *Morgadinhos*, zwei Marzipanvarianten.

Restaurants

Viele Restaurants an der Küste werden von Ausländern geführt, die die internationale Küche gut und die einheimische mit den populärsten Gerichten *(Cataplana)* abdecken. Die Speisekarten sind fast überall zwei- oder dreisprachig (auf Portugiesisch/Englisch/Deutsch). In einfachen Lokalen werden häufig große Mengen deftiger Speisen serviert, und man hat durchaus Verständnis, wenn Gäste zu einer Portion zwei Teller erbitten (»*Una dose de … com dois pratos, se faz favor.*«).

In jedem Restaurant gibt es ein **Touristenmenü** (*Ementa Turística*), das nicht identisch ist mit dem Tagesgericht (*Prato do Dia*). Es ist üblich, als *Couvert* kleine, oft abgepackte Vorspeisen auf den Tisch zu stellen – Oliven, Pastete, Käse oder Brot. Wenn der Gast ihnen zuspricht, werden sie zusätzlich einzeln berechnet und können den Preis eines Essens fast verdoppeln.

Gewissermaßen **Spezialitätenrestaurants** sind die *Churrasqueira*, in der Fisch- und Fleischgerichte vom Holzkohlengrill angeboten werden, die *Marisqueira*, in der es frische Meeresfrüchte und Schalentiere gibt, und *Piri-Piri*-Lokale. Piri-Piri ist ein höllisch scharfer roter Pfeffer, den die Portugiesen aus den afrikanischen Kolonien mitgebracht haben.

Essenszeiten

Das portugiesische Frühstück, *Pequeno Almoço* (8–10 Uhr), besteht nur aus einer Tasse Kaffee und einem Stück Kuchen, *Bolo*, oder Ähnlichem. Einheimische nehmen es gerne in einer Bar ein. Hotels bieten meist ein internationales Frühstück, häufig als Büffet.

Mittagessen, *Almoço*, gibt es zwischen 12 und 15 Uhr, das Abendessen, *Jantar*, wird etwa von 20 bis 22 oder 23 Uhr serviert. Die Portugiesen essen eher spät.

Als Zwischenmahlzeit bieten alle Bars und Cafeterias zu jeder Zeit belegte Brote (*Sande*) oder Toast (*Tosta*) an. Auch Kleinigkeiten (*Petiscos*) wie knusprige Kroketten, Fischklößchen (*Bolos de Bacalhau*) oder einige Gambas sind als Snacks sehr beliebt.

Getränke

Portugal ist ein **Weinland**, das auch im Rest Europas längst von sich reden gemacht hat. Die Engländer entdeckten die Qualitäten des portugiesischen Weins schon im 18. Jh. Ihre eigenwillige Art der Haltbarmachung für den Transport nach England – dem am nordportugiesischen Fluss Douro erzeugten Rebensaft wird zu diesem Zweck Weinbrand zugesetzt – brachte den als Aperitif oder Digestif beliebten **Portwein** hervor. Die Region, in der die Reben für den Portwein angebaut werden, bringt unter der Herkunftsbezeichnung *Douro* jedoch auch ausgezeichnete weiße und rote Tafelweine hervor. Nördlich des Douro wächst der *Vinho Verde*, der weiß oder – seltener – auch rot sein kann und der sehr jung und kalt getrunken wird. Weiß ist der leichte,

Die Cataplana und andere Eintöpfe

Cataplana heißt eigentlich der authentische Kochtopf der Algarve, bestehend aus zwei eisernen oder kupfernen Schalenhälften, die durch Klemmen hermetisch geschlossen werden – ein genialer Vorgänger des modernen Druckkochtopfes. Als Fischer oder Jäger noch über längere Zeit unterwegs waren, konnten sie diese Behältnisse problemlos transportieren und bei Bedarf in ein Holzfeuer stellen. Zu Hause garte das Essen ebenfalls in der Cataplana auf glimmender Holzkohle.

Im Laufe der Zeit ging die Bezeichnung Cataplana auf die saftigen **Eintopfgerichte** über, die darin gekocht wurden und werden. Das bekannteste Gericht ist vielleicht Amêijoas na Cataplana, eine Art Muscheleintopf. Es gibt aber auch Cataplanas mit Rindfleisch (Bife) oder Thunfisch (Estopeta de Atum), mit kleinen Tintenfischen (Choquinhos) in ihrer Tinte oder mit Schinken oder Reis (Arroz de Polvo) – alle sind typische bodenständige Gerichte der Küstenbewohner. Im Binnenland wird dagegen mehr Wild, Lamm oder Schwein gegessen, von denen kleine Stücke in die Cataplana kommen. Wunderbar schmecken Rebhuhngulasch (Perdiz Estofada) oder Hammelbein (Perna de Carneiro).

Die **Zubereitung** ist immer dieselbe: Im Boden der Cataplana werden klein

Die portugiesische Küche spart nicht an kräftig-deftigen Zutaten

gehackte Zwiebeln und Knoblauch in Olivenöl angebraten, danach die anderen Zutaten – Fleisch, Fisch oder Gemüse – hinzugefügt, zusammen mit Petersilie, einem Lorbeerblatt, etwas Wein sowie bei Fisch Meerwasser. Das Ganze gart bei geschlossenem Deckel 20–30 Minuten auf dem Feuer – fertig! Die Cataplana wird immer erst im Beisein der Gäste geöffnet, und das ist stets ein kleiner Festakt.

spritzige Wein (8 % Alkoholgehalt) der ideale Tropfen zum Fisch.

Die besten Weine Portugals wachsen ohne Zweifel in der Umgebung von Viseu am Rio Dão. Dort lagern und reifen sie in Fässern. Die roten **Dãoweine** erreichen Burgunderqualität, die weißen sind fruchtig, trocken und von einer zarten Zitronenfarbe. Das Anbaugebiet wurde bereits 1904 festgelegt und kann auf eine lange Tradition zurückblicken. Gute **Tafelweine** gibt es auch im Alentejo, wobei dort die besten aus der Gegend um Vidigueira kommen, sowie in der Algarve.

Trinkgeld

Die Rechnung wird in der Regel auf einem Teller gebracht, auf den man das Geld zum Bezahlen legt und auf dem man auch das Wechselgeld zurückbekommt. Die Bedienung ist immer im Rechnungsbetrag eingeschlossen, aber ein Trinkgeld (5–10 % der Endsumme) wird erwartet. Man lässt es einfach auf dem Teller liegen.

■ Feiertage

1. Januar: Neujahr (*Ano Novo*), Februar/März: Faschingsdienstag (*Terça-Feira de Carnaval*), März/April: Karfreitag (*Sexta-feira Santa*), 25. April: Jahrestag der Nelkenrevolution 1974 (*Dia da Liberdade*), 1. Mai: Tag der Arbeit (*Dia do trabalho*), Juni: Fronleichnam (*Corpo de Deus*), 10. Juni: Todestag von Luís de Camões (*Dia de Portugal*), 15. August: Mariä Himmelfahrt

Fruchtig fein – Algarvewein

Die südliche Lage der Algarve, die zudem durch Berge vor den kalten Nordwinden geschützt ist, und die halbmondförmig hinter Kaps zurückgezogene Küste begünstigen ein mediterranes Klima mit hohen Temperaturen, geringer Luftfeuchtigkeit und wenig Wind – ideal für den Weinanbau, der hier bereits seit dem 13. Jh. Tradition

Produziert in Portugal, beliebt in der Welt

hat. Das **Weinanbaugebiet** Algarve besteht aus den vier Subregionen Lagoa, Lagos, Portimão und Tavira. Auf insgesamt etwa 5500 ha werden die Rebsorten Crato Mole, Crato Preto, Monvedro, Bastardinho sowie die aus Madeira stammenden Negra Mole und Periquita angebaut. Dies sind fast ausschließlich **Rotweine** mit hohem Alkoholgrad und feiner Säure. Die wenigen **Weißweine** von den Rebsorten Boal, Crato Branco und Moscatel sind kräftige Tropfen mit geringem Säuregehalt. Sie passen hervorragend zu jedem Fisch- oder Meeresfrüchtegericht.

Die Beschaffenheit der Böden und die geringen Temperaturschwankungen in Verbindung mit über 3000 Stunden Sonnenschein im Jahr bilden ideale Voraussetzungen für Weine hoher Qualität. Die besten Tropfen stammen aus den Kooperativen von Lagoa und Tavira. Die Marke **Algar Seco** aus Lagoa wird in vielen Restaurants der Algarve kredenzt. Der **Algar Doce** ist ein süßer Aperitif- oder Dessertwein, der sich großer Beliebtheit erfreut.

Aus den Rückständen beim Prozess des Kelterns, dem Trester, wird der ölige **Aguardente** gebrannt, der dem italienischen Grappa ähnlich ist. Ausgesprochen typisch für die Algarve ist der **Aguardente de Medronho**, der Schnaps aus den Früchten des Erdbeerbaumes [s. S. 74].

(*Assunção*), 5. Oktober: Ausrufung der Republik 1910 (*Dia da República*), 1. November: Allerheiligen (*Todos os Santos)*, 1. Dezember: Befreiung von der spanischen Fremdherrschaft 1640/Unabhängigkeitstag (*Dia da Restauração*), 8. Dezember: Mariä Empfängnis (*Conceição Imaculada*), 25. Dezember: Weihnachten (*Natal*)

Darüber hinaus hat jeder Ort einen eigenen Feiertag (*Dia do Município*), der in der Regel dem oder der Stadtheiligen geweiht ist. Zu diesem Anlass werden zahlreiche Wallfahrten, Kirchweihen und Prozessionen feierlich begangen.

Festtagsfreude in historischen Gewändern

Festivals und Events

Februar

Loulé: Den ganzen Monat über herrscht beim *Carnaval* buntes Treiben, dessen Höhepunkt mit der *Festa da Amêndoa* zusammenfällt, dem Mandelblütenfest (www.ccloule.com).

April und Mai

Ostern: An vielen Orte der Algarve finden prachtvolle Prozessionen statt.

Loulé (2. Sonntag nach Ostern): Die Wallfahrt *Mãe Soberana* wird mit einer Prozession zur Kapelle Nossa Senhora da Piedade begangen, gefolgt von einem ausgelassenen Tanzvergnügen in den Straßen der Stadt.

Mai

Alte (1. Mai): Zur *Festa da Fonte Grande* putzt sich das Dorf mit prachtvollem Blumenschmuck heraus. Zeitgleich findet das Wurstfest *Festa dos Chouriços* statt.

Estoi (1.–3. Mai): Höhepunkt des fröhlichen Pinienfestes *Festa do Pinheiro* ist stets der palmengeschmückte Festumzug.

Salir (2. Woche): Die *Festa das Espigas*, das Getreidefest, wird mit Prozession sowie reichlich Essen und Trinken gefeiert.

Juni

Wie in ganz Portugal werden auch in vielen Orten der Algarve Feste zu Ehren der *Santos Populares* gefeiert, der Volksheiligen São Gonçalo (3. Juni), Santo António (13. Juni), São João (23./24. Juni) und São Pedro (28./29. Juni, z. B. in **Vaqueiros**).

Alcoutim (Wochenende Mitte Juni): Die Kunsthandwerksmesse *Feira do Artesanato* bietet Gelegenheit zum Schauen und Kaufen.

Juli

Faro (16. Juli): Die volksfestartige *Festa do Carmo* ist Anziehungspunkt für Einheimische und Gäste.

Loulé (letzte zwei Juliwochen): Das *Festival Internacional de Jazz de Loulé* führt weltberühmte Jazzmusiker ins Convento do Espírito Santo (www.ccloule.com).

August

Faro: Beim Folklorefestival *Folkfaro – Folclore Internacional Cidade de Faro* musizieren und tanzen Gäste aus aller Welt (www.folkfaro.com).

Olhão (Mitte August)**:** Das Meeresfrüchte-Festival *Festival do Marisco* spiegelt die anhaltende Bedeutung des Fischfangs für die Stadt wider (www.festivaldomarisco.com).

Sagres (Wochenende Mitte August): Das *Super Bock Surf Fest* lockt nicht nur Surfer zu Workshops und Parties nach Praia do Tonel.

Armação de Pêra (12. August): Populäre Wallfahrt zur Kapelle *Nossa Senhora da Rocha* 2 km vor den Toren der Stadt.

Castro Marim (Ende August): Die Mittelaltertage *Dias medievais* bringen Leben in die Burg, mit Ritterturnieren, Festgelagen, Straßentheater, Handwerks- und Krämermarkt.

September

Alcoutim (2. Woche): Die *Festa de Alcoutim* ist ein ausgelassenes Volksfest mit viel Musik.

Oktober

Faro (10. Oktober): Zur *Feira de Santa Iría*, dem Fest der Stadtheiligen, gehört ein einwöchiger Jahrmarkt.

■ Klima und Reisezeit

Die Algarve bietet die meisten Sonnenstunden Europas, nämlich durchschnittlich über 3000 im Jahr, und zu jeder Jahreszeit ein angenehmes Reiseklima.

Im Sommer kann das Thermometer zur Mittagszeit weit über 30 °C erreichen und sinkt selbst im Winter tagsüber selten unter 15 °C. Von Oktober bis Februar kann es zu regnerischen Tagen kommen, was die Bewohner der Algarve mit Freude begrüßen. Nach den Schauern färbt sich das ganze Land grün, Wildblumen und Mandelbäume beginnen zu blühen. Dezember und Januar gleichen dem deutschen Vorfrühling.

Klimadaten Faro

Monat	Luft (°C) min./max.	Wasser (°C)	Sonnen-std./Tag	Regen-tage
Januar	7/16	14	6	5
Februar	8/17	14	6	4
März	8/18	15	7	6
April	10/20	16	9	4
Mai	12/22	16	10	1
Juni	15/25	18	11	0
Juli	17/28	19	12	0
August	18/29	20	11	0
September	17/27	21	9	1
Oktober	14/23	19	8	2
November	11/20	18	6	5
Dezember	9/17	16	5	5

■ Nachtleben

Die milden Nächte der Algarve sind eine unwiderstehliche Verlockung, die Abende im **Freien** zu genießen. Man sitzt auf den zahllosen Terrassen der Fußgängerzonen und Hafenpromenaden, vor Restaurants, Bars, Kneipen, Strandlokalen und Hotels, tummelt sich in Freiluftdiskos oder schaut bei einem Gläschen Wein von einer Dachterrasse aufs Meer. Das lebendigste Nachtleben konzentriert sich in Albufeira und Carvoeiro, wo Musik, Tanz und gute Laune bis 4 oder 6 Uhr morgens keine Seltenheit sind. **Kasinos** gibt es in Monte Gordo, Vilamoura und Alvor. Die Adressen sind im Haupttext unter *Praktische Hinweise* zu finden.

Hotels und Ferienorte bieten oft spezielle **Folklore-Veranstaltungen**, zu denen meist Tanzvorführungen bäuerlicher Folkloregruppen sowie **Fado-Events** gehören. Der Fado (Schicksal) ist eine portugiesische Gesangsform, in der sich Fernweh, Melancholie und Weltschmerz ausdrücken, ein Zustand, der auch mit dem Begriff *Saudade* (Sehnsucht) zusammengefasst wird. Die gefühlsbetonten Lieder erzählen von Lebenstragödien, Abschied und Schmerz. Als große alte Dame des Fado galt Amalia Rodrigues (1920–99), andere berühmte Interpreten sind Mísia, Dulce Pontes, Mariza und die Band Madredeus.

Große Konzertsäle, nicht nur für Fado-Vorführungen, gibt es in **Portimão** (Antiga Lota, Salão Nobre da Camara Municipal), **Lagoa** (Capela do Convento de S. José), **Lagos** (Centro Cultural), **Faro** (Conservatório Regional do Algarve), **Albufeira** (Auditorio Municipal), **Tavira** (Igreja da Misericórdia) und **Almancil** (Centro Cultural São Lourenço).

■ Sport

An der Algarve lassen sich alle erdenklichen Sportarten betreiben, aber Golf und Wassersport sind eindeutig die Favoriten.

Golf

23 große und etliche kleinere Golfplätze gibt es an der Algarve, von denen die meisten auch von Nichtmitgliedern besucht werden können. Die beste Zeit zum Golfspielen ist im Spätherbst, vor der ersten Regenperiode, und dann wieder im Frühjahr. Einige Hotels und Ferienanlagen, wie das **Le Meridien Penina Golf & Resort** in Alvor oder **Quinta do Lago** und **Vale do Lobo Resort**, haben eigene Greens und sind fast ausschließlich auf Golftourismus ausgerichtet.

Infos: www.portugalgolf.de

Radfahren

Die Algarve ist kein ideales Ziel für Rennrad- und Mountainbikefahrer, dazu ist der Autoverkehr in den Tourismusregionen entlang der Küste in der Regel zu dicht. Zudem fehlen markierte Fahrradwege. Im bergigen Hinterland der West- und Ostalgarve, etwa in der **Serra de Monchique** oder der **Serra de Tavira**, finden zumindest Mountainbiker interessante Trails. Infos:

bikeiberia, Largo Corpo Santo 5, 1200-129 Lissabon, Tel. 213 47 03 47, www.bikeiberia.com

Ausritte am Atlantik: hinein ins Vergnügen

Reiten

Eine Vielzahl von Reiterhöfen bietet Unterrichtsstunden und Ausritte an den Stränden entlang oder ins Hinterland. Eine Auswahl findet sich im Hauptteil unter *Praktische Hinweise.*

Infos: www.horseridingholiday.eu
www.pferdreiter.de/portugal

Wandern

Es gibt wenig ausgewiesene Wanderwege, dazu gehört der Weg *Via Algarviana* (www.viaalgarviana.org) über 14 Tagesetappen und 240 km durch das Landesinnere der Algarve, von Alcoutim an der spanischen Grenze über die Serra de Caldereirão bis nach Cabo São Vicente am Atlantik. Auch sonst gibt es viele Möglichkeiten, die Region zu Fuß zu erschließen. Landschaftlich besonders reizvoll sind Spaziergänge und Wanderungen an den Steilküsten der Felsalgarve und in der Serra de Monchique.

Wassersport

Viele Besucher halten die **Strände** der Algarve für die schönsten Europas, jedenfalls für die vielfältigsten. An der Ostalgarve, dem *Sotavento*, herrschen flache Sandstrände mit Dünen und Sandbänken vor, am *Barlovento* im Westen Steilküsten mit von Felsen eingerahmten Sandbuchten. An der *Costa Vicentina* gibt es zwischen Felsen und Steinen Strände mit sehr feinem Sand. Insgesamt sind an der Algarve mehr als 100 Strände namentlich ausgewiesen.

Zwischen Mai und Oktober kann man im **Atlantik** angenehm baden, die Wassertemperatur erreicht bis zu 21 °C. Bestätigt durch die *Blaue Fahne* der EU ist die **Qualität** des Wassers und die Sauberkeit der Strände fast überall überdurchschnittlich. An der Zentralalgarve sind die meisten Strände tagsüber überwacht. Eine *grüne Flagge* bedeutet, dass man unbedenklich Baden kann, eine *gelbe* warnt vor weitem Hinausschwimmen, eine *rote* signalisiert Gefahr und rät ganz vom Baden ab.

An allen touristisch erschlossenen Stränden wird Ausrüstung für Wassersport (Wasserski, Boote, Surfbretter etc.) verliehen. Die Felsalgarve bietet zudem Möglichkeiten zum **Tauchen** und **Schnorcheln** sowie eine ganze Reihe entsprechender Schulen. An der Costa Vicentina ist das **Wellen-** und **Bodysurfen** recht populär.

Segeln

Der erste **Sporthafen** der Algarve wurde in den 1960er-Jahren bei Vilamoura angelegt. Inzwischen haben alle größeren Orte nachgezogen. In beinahe jedem dieser Häfen kann man auch Boote mieten und **Tagesausflüge** auf Segel- oder Motorbooten buchen; entsprechende Adressen sind im Haupttext unter *Praktische Hinweise* vermerkt. Bei Touren entlang der Felsenküste zu Grotten oder malerischen einsamen Buchten kommen Sportfischer ebenso auf ihre Kosten wie Naturfreunde, Sonnenanbeter oder Fotografen.

■ Statistik

Lage: Die Region Algarve, administrativ mit einem Bundesland zu vergleichen, nimmt den gesamten Süden Portugals ein. Im Osten wird sie vom Rio Guadiana begrenzt, der gleichzeitig Grenzfluss zum spanischen Andalusien ist. Im Norden schließt sich jenseits der beiden Bergketten Serra de Monchique und Serra do Caldeirão das Alentejo an.

Fläche: Die Algarve erstreckt sich über rund 5000 km². Ihre West-Ost-Ausdehnung beträgt 150 km, die von Süden nach Norden maximal 40 km. Die im Westen zerklüftete, im Osten sandige Küste ist etwa 200 km lang.

Einwohner: Die rund 400 000 Einwohner der Algarve entsprechen etwa 3,5 % der Bevölkerung Portugals.

Bevölkerungsdichte: 69,4 Einw./km²

Religion: Die Bevölkerung besteht zu 95 % aus Katholiken.

Verwaltung: Die Algarve ist eine von sieben portugiesischen Regionen, von denen fünf auf dem Festland und zwei autonome auf Inseln liegen. Die *Região do Algarve* ist deckungsgleich mit dem Distrikt Faro, der in 16 Kreise, *Municípios*, eingeteilt ist, die insgesamt 78 Gemeinden, *Freguesías*, umfassen.

Hauptstadt: Hauptstadt der Algarve ist Faro.

Wirtschaft: 10,5 % der Erwerbstätigen sind in der Land- und Forstwirtschaft inkl. Fischerei beschäftigt, 18,9 % arbeiten in Industrie und Bauwirtschaft, 70,6 % im Dienstleistungssektor, vor allem Tourismus. Die Arbeitslosigkeit in Portugal beträgt 9,6 %.

■ Unterkunft

Camping

Es gibt an der Algarve etwa 20 registrierte kommunale Campingplätze und einige kleinere private. Die meisten sind im Hauptteil bei den jeweiligen Orten unter *Praktische Hinweise* aufgeführt. Die wichtigste Dachorganisation der portugiesischen Campingplatzbetreiber heißt *Orbitur* (www.orbitur.com), deren Plätze von guter Qualität, aber auch teuer sind.

Wildes Campen ist inzwischen fast überall verboten, Campingmobile werden an Ortsrändern und Steilküsten teilweise geduldet. Rigide wird gegen wildes Campen mit Zelt oder Wohnmobil an den Stränden vorgegangen.

Detaillierte Beschreibungen geprüfter Campingplätze bietet der jährlich erscheinende **ADAC Camping Caravaning Führer**, **Südeuropa**. Er ist in Buchform oder als CD-ROM im Buchhandel oder in allen ADAC-Geschäftsstellen erhältlich.

Hotels

Hotels sind offiziell mit Sternen klassifiziert; von * für einfach bis zu ***** für Luxus. Noble Landhotels heißen **Estalagem**. Die gängigste Form der Ferienunterbringung ist das **Aparthotel**, oft auch als Feriendorf (*Aldeamento Turístico*) mit Bungalows oder Apartments angelegt. Die Abkürzungen T0, T1, T2 etc. charakterisieren den Zuschnitt, wobei T0 für ein Einzimmerapartment mit integrierter Kochnische und kleinem Bad steht, T1 weist ein zusätzliches Schlafzimmer auf, T2 zwei Schlafzimmer etc. Außerhalb der Saison werden diese Apartments oft sehr günstig angeboten.

Jugendherbergen

An der Algarve gibt es Jugendherbergen in Lagos, Portimão, Arrifana-Aljezur, Faro, Tavira und Alcoutim. Es besteht keine Altersbegrenzung, aber man braucht einen Ausweis, den man jedoch in jeder Herberge oder bereits vor Reiseantritt erwerben kann. Infos:

Deutsches Jugendherbergswerk, DJH Service GmbH, Bismarckstr. 8, 32756 Detmold, Tel. 05231/740 10, www.jugendherberge.de

Pensionen

Pensões (singl. Pensão) sind einfache Unterkünfte. Sie sind nicht mit Sternen klassifiziert, sondern nach Kategorien (1 bis 3). Meist wird dort nur Frühstück serviert. **Albergarias** nennt man gehobenere Pensionen bzw. Landgasthöfe.

Pousadas

Der Name Pousada ist Luxushotels einer staatlich geführten Hotelkette vorbehalten, die überwiegend in historischen Bauten eingerichtet wurden. Meist wird hohe Qualität geboten und die Preise sind vergleichsweise moderat. Neben den üblichen Angeboten lockt ein Golden-Age-Programm für Gäste ab 55 Jahren mit ordentlichen Rabatten. An der

Algarve gibt es die drei empfehlenswerten Pousadas in São Brás de Alportel, Sagres und Estoi. Alle sind sehr schön gelegen, jedoch teilweise in neueren Gebäuden eingerichtet. Informationen und Reservierungen:

Pousadas de Portugal, Rua Soares de Passos 3, 1300-314 Lisboa, Tel. 218 44 20 01, www.pousadas.pt

Privatzimmer

Schilder mit der Aufschrift **Camas**, **Cuartos** oder **Dormidas** weisen auf Privatquartiere hin, die preiswerteste Form der Unterbringung und nicht immer die schlechteste. In den Tourismusbüros bekommt man – manchmal erst nach einigem Insistieren – in der Regel Adressen von privaten Zimmer- oder Wohnungsvermietern.

Turismo Rural

Bei *Turismo rural* (TR) oder *Turismo no Espaço Rural* (TER) handelt sich um Übernachtungsmöglichkeiten in meist ländlichen Anwesen und schöner landschaftlicher Umgebung. Oft gehören Garten und Swimmingpool sowie verschiedene Freizeitangebote wie Fahrradverleih, Reiten oder dergleichen mehr dazu. Die wenigen Zimmer sind in aller Regel komfortabel eingerichtet, es gibt viele Beschäftigungsmöglichkeiten für Kinder und gemütliche Gemeinschaftsräume. Meistens liegen die Häuser etwas außerhalb der Orte, sodass die Anfahrt mit dem Auto ratsam ist.

▮ Verkehrsmittel im Land

Bahn

Reisen mit der Bahn ist in Portugal ein relativ günstiges Vergnügen, zugleich aber auch ein langwieriges Unterfangen. Die einzige Bahnlinie der Algarve führt von Lagos nach Vila Real de Santo António. Der Zug hält unterwegs an etwa 50 Haltestellen. Die Bahnhöfe von Tavira, Faro, Portimão und Lagos liegen relativ günstig zum Stadtzentrum. Von Faro fahren fünfmal täglich Züge nach Lissabon, die einfache Fahrt dauert 3–4 Stunden. Informationen:

Comboios de Portugal (CP), Tel. 808 20 82 08 (im Land), Tel. 0351/707 20 12 80 (vom Ausland), www.cp.pt

Bus

Die Algarve verfügt über ein gutes Busnetz, vor allem entlang der Küste aber auch mit Verbindungen ins Hinterland und nach Nordportugal. Fahrpläne bekommt man in Tourismusbüros und an Busbahnhöfen, wobei immer mit Abweichungen gerechnet werden muss. Die Busse haben an der Windschutzscheibe ein Schild, das den Zielort angibt. Normalerweise löst man Fahrkarten beim Fahrer, für Langstrecken sollte man sie sich jedoch vorher am Busbahnhof, in einem Reisebüro oder im Internet besorgen.

Rodoviaria Nacional (RN), Lisboa, Tel. 213 58 14 72, www.rede-expressos.pt. Nah- und Fernverkehr von/nach Lissabon, Porto und anderen Großstädten.

Eva Transportes SA, Av. da República 5, Faro, Tel. 289 89 97 40, www.eva-bus.com. Busverbindungen entlang der Küste zwischen Vila Real de Santo António und Aljesur.

Frota Azul Algarve, Caldeira do Moinho, Portimão, Tel. 282 40 06 10, www.frotazul-algarve.pt. Die Busse verkehren um Portimão, Lagos, Lagoa und Albufeira.

Mietwagen

Am Flughafen von Faro, in den großen Hotels und in fast allen touristisch relevanten Orten gibt es zahlreiche Niederlassungen internationaler und regionaler Mietwagen-Agenturen. Während die kleinen Firmen preiswerter sind, wenn man ein Auto vor Ort mietet, bieten die großen Gesellschaften oft im Zusammenhang mit einem Reisepauschalangebot die günstigsten Konditionen. Der Fahrer eines Mietwagens muss älter als 21 Jahre und seit mindestens einem Jahr im Besitz eines Führerscheins sein.

Für Mitglieder bietet die **ADAC Autovermietung GmbH** günstige Bedingungen. Buchungen über die ADAC Geschäftsstellen oder unter Tel. 018 05/31 81 81 (0,14 €/Anruf).

Taxi

Taxis müssen Gebührenzähler haben und die aktuellen Tarife in Portugiesisch und Englisch aushängen. Für Gepäckstücke dürfen Aufschläge erhoben werden, Gepäck über 30 kg kostet nochmals extra. Zwischen 22 und 6 Uhr gibt es einen Nachtaufschlag von 20 %. Ein Trinkgeld von etwa 10 % ist üblich.

Sprachführer
Portugiesisch für die Reise

■ Das Wichtigste in Kürze

Ja/Nein	*Sim/Não*
Bitte/Danke	*Por favor/ Obrigado*
In Ordnung!/ Einverstanden!	*Está bem!/ De acordo!*
Entschuldigung!	*Desculpe!*
Wie bitte?	*Como?*
Ich verstehe Sie nicht.	*Não compreendo.*
Ich spreche nur wenig Portugiesisch.	*Falo apenas um pouco de português.*
Können Sie mir helfen?	*Poderia ajudar-me?*
Das gefällt mir (nicht).	*(Não) gosto disso.*
Ich möchte …	*Queria …*
Haben Sie …?	*Tem …?*
Gibt es …?	*Há …?*
Wie viel kostet das?	*Quanto custa (é) isso?*
Kann ich mit Kredit- karte bezahlen?	*Posso pagar com cartão de crédito?*
Wie viel Uhr ist es?	*Que horas são?*
Guten Morgen!	*Bom dia!*
Guten Tag!	*Boa tarde!*
Guten Abend!/ Gute Nacht!	*Boa noite!*
Hallo!	*Olá!*
Wie ist Ihr Name?	*Como se chama?*
Mein Name ist …	*O meu nome é/ Chamo-me …*
Ich bin Deutsche(r)	*Sou alemão/alemã.*
Ich komme aus Deutschland.	*Venho da Alemanha.*
Wie geht es Ihnen?	*Como vai?*

■ Zahlen

0	*zero*	20	*vinte*
1	*um, uma*	21	*vinte e um(a)*
2	*dois, duas*	22	*vinte e dois (duas)*
3	*três*	30	*trinta*
4	*quatro*	40	*quarenta*
5	*cinco*	50	*cinquenta*
6	*seis*	60	*sessenta*
7	*sete*	70	*setenta*
8	*oito*	80	*oitenta*
9	*nove*	90	*noventa*
10	*dez*	100	*cem*
11	*onze*	101	*cento e um(a)*
12	*doze*	200	*duzentos*
13	*treze*	1000	*mil*
14	*catorze*	2000	*dois mil*
15	*quinze*	10 000	*dez mil*
16	*dezasseis*	1 000 000	*um milhão*
17	*dezassete*	¼	*um quarto*
18	*dezoito*	½	*meio, meia*
19	*dezanove*		

Auf Wiedersehen!	*Adeus!*
Tschüss!	*Tchau!*
Bis bald!	*Até logo!*
Bis morgen!	*Até amanhã!*
gestern/heute/ morgen	*ontem/hoje/ amanhã*
am Vormittag/ am Nachmittag	*de manhã/ de tarde*
am Abend/ in der Nacht	*à tardinha/ à noite*
um 1 Uhr/2 Uhr …	*à uma hora/ às duas horas …*
um Viertel vor …	*às quinze para a(s) …*
um Viertel nach …	*à(s)….e quinze*
um … Uhr 30	*à(s) ….e meia*
Minute(n)/Stunde(n)	*minuto(s)/hora(s)*
Tag(e)/Woche(n)	*dia(s)/semana(s)*
Monat(e)/Jahr(e)	*mês (meses)/ano(s)*

■ Wochentage

Montag	*segunda-feira*
Dienstag	*terça-feira*
Mittwoch	*quarta-feira*
Donnerstag	*quinta-feira*
Freitag	*sexta-feira*
Samstag	*sábado*
Sonntag	*domingo*

■ Monate

Januar	*Janeiro*
Februar	*Fevereiro*
März	*Março*
April	*Abril*
Mai	*Maio*
Juni	*Junho*
Juli	*Julho*
August	*Agosto*
September	*Setembro*
Oktober	*Outubro*
November	*Novembro*
Dezember	*Dezembro*

■ Maße

Kilometer	*quilómetro(s)*
Meter	*metro(s)*
Zentimeter	*centímetro(s)*
Kilogramm	*quilo(s)*
Pfund	*libra(s)*
Gramm	*grama(s)*
Liter	*litro(s)*

Unterwegs

Nord/Süd/West/Ost	*Norte/Sul/Oeste/Este*
oben/unten	*em cima/em baixo*
geöffnet/geschlossen	*aberto/fechado*
geradeaus	*a direito (em frente)*
links/rechts	*à esquerda/à direita*
zurück	*para trás*
nah/weit	*perto/longe*
Wie weit ist das?	*Qual é a distância?*
Wo ist die Toilette?	*Onde é o quarto de banho (toilet)?*
Wo ist die (der) nächste Telefonzelle/ Bank/Polizei/ Geldautomat?	*Onde é o telefone público/o banco/ o posto de policia/ a caixa mulitbanco/ mais próximo(- a)*
Wo ist … der Bahnhof/	*Onde é (fica) … a estação de caminhos de ferro/*
der Busbahnhof/	*a estação rodoviária/*
der Fährhafen/ der Flughafen?	*o cais de ferryboats/ o aeroporto?*
Wo ist … eine Bäckerei/ ein Kaufhaus/ einen Supermarkt/ der Markt?	*Onde é (fica) … uma padaria / um armazém/ um supermercado/ o mercado/a feira?*
Ist das die Straße nach …?	*Esta é a rua/estrada para …?*
Ich möchte … mit dem Zug/ dem Schiff/ der Fähre/ dem Flugzeug nach … fahren.	*Quero ir … de comboio/ de navio/ de ferry-boat de avião para …*
Gilt dieser Preis für Hin- und Rückfahrt?	*Este preço corresponde a ida e volta?*
Wo ist … das Toursimusbüro/	*Onde é … o posto de informação turística/*
ein Reisebüro?	*uma agência de viagens?*
Ich benötige eine Hotelunterkunft.	*Estou à procura de um hotel.*
Wo kann ich mein Gepäck lassen?	*Onde posso deixar a minha bagagem?*

Notfälle

Ich möchte eine Anzeige erstatten.	*Quero apresentar uma queixa.*
Man hat mir … Geld/ die Tasche/ die Papiere/	*Roubaram … o meu dinheiro / a minha bolsa/ os meus documentos/*
die Schlüssel/ den Fotoapparat/	*as minhas chaves/ a minha máquina fotográfica/*
den Koffer/ das Fahrrad gestohlen.	*a minha mala/ a minha bicicleta.*
Verständigen Sie bitte das Deutsche Konsulat.	*Informar por favor o Consulado Alemão.*

Freizeit

Ich möchte ein … Fahrrad/ Mountainbike/ Motorrad/ Surfbrett/	*Queria alugar … uma bicicleta/ uma BTT/ uma moto/ uma prancha de surf/*
Boot mieten.	*um barco.*
Gibt es … einen Freizeitpark/	*Há por perto … um parque de diversões/*
ein Freibad/ einen Golfplatz in der Nähe?	*uma piscina pública/ um campo de golfe?*
Wo ist die nächste Bademöglichkeit/ der nächste Strand?	*Onde é a zona de banho/ a praia mais próxima?*
Wann hat … geöffnet?	*Quando abre …?*

Hinweise zur Aussprache

Im Portugiesischen werden Vokale vor Konsonanten meist nasaliert. Bei Doppellauten werden immer beide Vokale gesprochen, wobei der erste stärker betont wird (meu pai = *m é u p á i*, mein Vater). Die Betonung liegt meist auf der vorletzten Silbe, ansonsten liegt sie auf dem Akzent.

ã, õ	wie ›ang, ong‹, Bsp.: S**ã**o
c	vor ›e, i‹ wie scharfes ›s‹, Bsp.: **c**erveja vor ›a, o‹ wie ›k‹, Bsp.: fa**c**a
ch	wie ›sch‹, Bsp.: du**ch**e
ç	wie scharfes ›s‹, Bsp.: pre**ç**o
ção	wie ›saong‹, Bsp.: esta**ção**
é	wie lang gezogenes ›äh‹, Bsp.: cr**é**dito
g	vor ›a, o,u‹ wie ›g‹, Bsp.: **g**asolina vor ›e, i‹ wie weiches ›g‹ (Ra**g**e), Bsp.: lon**g**e
h	am Wortanfang stumm
j	wie weiches ›g‹(Ra**g**e), Bsp.: ho**j**e
nh	wie lang gezogenes ›nj‹, Bsp.: di**nh**eiro
o	am Wortende als kurzes ›u‹, Bsp.: zer**o**
qu	vor ›e, i‹ wie ›k‹, Bsp.: **qu**ero, **qu**ilo vor ›a, o‹ wie ›kw‹, Bsp.: **qua**rto
x	wie ›sch‹, Bsp.: **x**queixa
z	wie ›sch‹ am Wortende, Bsp.: fa**z** favor sonst wie ›s‹, Bsp.: on**z**e

Bank, Post, Telefon

Brauchen Sie … — *Precisa …*
meinen Ausweis/ — *do meu documento de identificação/*
meinen Pass? — *do meu passaporte?*
Wie lautet die Vorwahl für …? — *Qual é o indicativo telefónico de …?*
Wo gibt es … — *Onde vende-se …*
Telefonkarten/ — *cartões telefónicos/*
Briefmarken? — *selos?*

Tankstelle

Wo ist die nächste Tankstelle? — *Onde é o próximo posto de gasolina*
Ich möchte … Liter … — *Quero … litros de …*
Super/ — *gasolina super/*
Diesel/ — *gasóleo/*
bleifrei. — *gasolina sem chumbo.*

Volltanken, bitte! — *Encha o depósito, por favor!*

Bitte prüfen Sie … — *Por favor verifique …*
den Reifendruck/ — *a pressão dos pneus/*
den Ölstand/ — *o nível de óleo/*
den Wasserstand/ — *o nível de água/*
die Batterie. — *a bateria.*
Würden Sie bitte … — *Por favor …*
den Ölwechsel vornehmen/ — *mude o óleo/*
den Radwechsel vornehmen/ — *mude o pneu/*
die Zündkerzen erneuern/ — *mude as velas/*
die Zündung nachstellen? — *ajuste a ignição.*

Panne

Ich habe eine Panne. — *Tenho uma avaria.*
Der Motor startet nicht. — *O motor não arranca.*
Ich habe die Schlüssel im Wagen gelassen. — *Deixei as chaves dentro do carro.*
Ich habe kein Benzin/ Diesel. — *Estou sem gasolina/ gasóleo.*
Gibt es hier in der Nähe eine Werkstatt? — *Há uma oficina aqui por perto?*
Können Sie mir einen Abschleppwagen schicken? — *Pode mandar um veículo pronto-socorro?*
Können Sie den Wagen reparieren? — *Pode reparar o carro?*
Bis wann? — *Até quando?*

Mietwagen

Ich möchte ein Auto mieten. — *Quero alugar um carro.*

Was kostet die Miete … — *Quanto é o aluguer …*
pro Tag/ — *por dia/*
pro Woche/ — *por semana/*
mit unbegrenzter km-Zahl/ — *sem limite de quilometragem/*
mit Kaskoversicherung/ — *com seguro contra todos os riscos/*
mit Kaution? — *com caução (depósito)?*
Wo kann ich den Wagen zurückgeben? — *Onde posso entregar o veículo?*

Unfall

Hilfe! — *Socorro!*
Achtung!/Vorsicht! — *Atenção!/Cuidado!*
Rufen Sie bitte … — *Por favor chame …*
Krankenwagen/ — *uma ambulância/*
die Polizei/ — *a polícia/*
die Feuerwehr. — *os bombeiros.*
Es war (nicht) meine Schuld. — *(Não) foi culpa minha.*
Geben Sie mir bitte Ihren Namen und Ihre Adresse. — *Por favor dê-me o seu nome e o seu endereço.*
Ich brauche die Angaben zu Ihrer Autoversicherung. — *Preciso dos dados do seu seguro de automóvel.*

Krankheit

Können Sie mir einen guten Deutsch sprechenden Arzt/Zahnarzt empfehlen? — *Poderia recomendar-um bom médico/dentista que fale alemão?*
Wann hat er Sprechstunde? — *Qual é o horário de consulta?*
Wo ist die nächste Apotheke? — *Onde é a farmácia mais próxima?*
Ich brauche ein Mittel gegen … — *Preciso de um medicamento para …*
Durchfall/ — *diarreia /*
Halsschmerzen/ — *dores de garganta/*
Fieber/ — *febre/*
Insektenstiche/ — *picadas de mosquitos (insetos)/*
Verstopfung/ — *prisão de ventre (obstipação)/*
Zahnschmerzen. — *dores de dentes.*

Hotel

Können Sie mir ein Hotel/eine Pension empfehlen? — *Poderia recomendar-me um hotel/ uma pensão?*
Ich habe hier ein Zimmer reserviert. — *Reservei um quarto aqui.*

Haben Sie …	Tem … um quarto
ein Einzel-/	individual/
Doppelzimmer …	um quarto dupio
	(de duas camas)
mit Bad/Dusche/	com quarto de
	banho/chuveiro/
für eine Nacht/	para uma noite/
für eine Woche/	para uma semana/
mit Blick aufs Meer?	com vista para
	o mar?
Was kostet das	Quanto custa
Zimmer …	o quarto …
mit Frühstück/	com pequeno-almoço/
mit Halbpension/	com meia pensão/
mit Vollpension?	com pensão
	completa?
Wie lange gibt es	Até que horas servem
Frühstück?	o pequeno-almoço?
Haben sie ein Fax/	Tem … um fax/
Internet?	Internet?
Ich möchte um …	Poderia acordar-me
geweckt werden.	às … horas.
Ich reise heute Abend/	Vou partir hoje à tarde/
morgen früh ab.	amanhã de manhã.
Kann ich mit Kredit-	Posso pagar com
karte bezahlen?	cartão de crédito?

Restaurant

Wo gibt es ein	Onde encontro um
gutes/günstiges	restaurante bom/
Restaurant?	barato?
Die Speisekarte/	A ementa/a carta
Getränkekarte,	(lista) de bebidas,
bitte.	por favor.
Ich möchte nur eine	Queria apenas um
Kleinigkeit essen.	aperitivo.
Welches Gericht	Que prato recomenda?
empfehlen Sie?	
Haben Sie typische	Tem pratos típicos da
Gerichte der Region?	região?
Haben Sie vegeta-	Tem comida
rische Gerichte/	vegetariana?
Haben Sie alkoholfreie	Tem bebidas
Getränke?	sem álcool?
Können Sie mir bitte …	Pode-me trazer …
ein Messer/	uma faca/
eine Gabel/	um garfo/
einen Löffel geben?	uma colher,
	por favor?
Das Essen war sehr gut.	A comida estava
	excelente.
Die Rechnung, bitte!	A conta, por favor!

Essen und Trinken

Aal	enguia
Abendessen	jantar
Apfel	maçã
Apfelsine	laranja
Aubergine	beringela
Bier	cerveja
Braten	assado
Brot/Brötchen	pão/pãozinho
Butter	manteiga
Ei	ovo
Eiscreme	gelado
Erdbeere	morango
Espresso	café/bica
Essig	vinagre
Fisch	peixe
Fischeintopf	caldeirada
Flasche	garrafa
Fleisch	carne
Forelle	truta
Fruchtsaft	sumo
Frühstück	pequeno-almoço
Gemüse	legumes
Glas	copo
Gurke	pepino
Hühnchen	frango
Hummer	lagosta
Kalb	vitela
Kartoffel	batata
Käse	queijo
Krug/Karaffe	caneca/jarro
Lachs	salmão
Meeresfrüchte	mariscos
Miesmuscheln	mexilhões
Milch	leite
Milchkaffee	café com leite
Mineralwasser	água mineral
(mit/ohne	(com/sem
Kohlensäure)	gás)
Mittagessen	almoço
Nachspeisen	sobremesas
Neunauge	lampreia
Öl/Olivenöl	óleo/azeite
Oliven	azeitonas
Pfeffer	pimenta
Reis	arroz
Rindfleisch	carne de vaca
Rochen	raia
Salat	salada
Salz	sal
Sardine	sardinha
Schinken (roh)	presunto
Scholle	solha
Schweinefleisch	carne de porco
Seebarsch	robalo
Seezunge	linguado
Steinbutt	pregado
Stockfisch/Kabeljau	bacalhau
Suppe	sopa
Süßigkeiten	doces
Tee (mit Zitrone)	chá (com limão)
Thunfisch	atum
Vorspeisen	entradas
Wassermelone	melancia
Wein …	vinho …
(Weiß-/Rot-/Rosé-)	(branco/tinto/ rosé)
Weintrauben	uvas
Zucker	açúcar

Mehr erleben, besser reisen!

Titel	ADAC Reiseführer	plus	Audio
Ägypten	■	■	
Algarve	■	■	
Allgäu	■	■	
Alpen – Freizeitparadies	■		
Amsterdam	■	■	■
Andalusien	■	■	
Australien	■	■	
Bali & Lombok	■		
Baltikum	■	■	
Barcelona	■	■	■
Bayerischer Wald	■	■	
Berlin	■	■	■
Bodensee	■	■	
Brandenburg	■	■	
Brasilien	■		
Bretagne	■	■	
Budapest	■	■	■
Bulg. Schwarzmeerküste	■		
Burgund	■		
City Guide Germany	■		
Costa Brava und Costa Dorada	■		
Côte d'Azur	■	■	
Dänemark	■	■	
Deutschland – Die schönsten Autotouren		■	
Deutschland – Die schönsten Orte und Regionen	■		
Deutschland – Die schönsten Städtetouren	■		
Dominikanische Republik	■		
Dresden	■	■	■
Dubai, Vereinigte Arab. Emirate, Oman	■	■	
Elsass	■	■	
Emilia Romagna	■		
Florenz	■	■	■
Florida	■		
Franz. Atlantikküste	■	■	
Fuerteventura	■	■	
Gardasee	■	■	
Golf von Neapel	■	■	
Gran Canaria	■	■	
Hamburg	■	■	■
Harz	■	■	
Hongkong & Macau	■		
Ibiza & Formentera	■		
Irland	■	■	
Israel	■		
Istanbul	■	■	
Italien – Die schönsten Orte und Regionen	■		
Italienische Adria	■		
Italienische Riviera	■	■	
Jamaika	■		
Kalifornien	■	■	
Kanada – Der Osten	■	■	
Kanada – Der Westen	■	■	
Karibik	■	■	
Kenia	■	■	
Korfu & Ionische Inseln	■	■	
Kreta	■	■	
Kroatische Küste – Dalmatien	■	■	
Kroatische Küste – Istrien	■	■	
Kuba	■	■	
Kykladen	■		
Lanzarote	■	■	
Leipzig	■	■	■
Lissabon	■	■	■
London	■	■	■
Madeira	■	■	
Mallorca	■	■	
Malta	■	■	
Marokko	■	■	
Mauritius & Rodrigues	■		
Mecklenburg-Vorpommern	■	■	
Mexiko	■	■	
München	■	■	■
Neuengland	■	■	
Neuseeland	■	■	
New York	■	■	■
Niederlande	■	■	
Norwegen	■	■	
Oberbayern	■	■	
Österreich	■	■	
Paris	■	■	■
Peloponnes	■		
Piemont, Lombardei, Valle d'Aosta	■	■	
Polen	■	■	
Portugal	■	■	
Prag	■	■	■
Provence	■	■	
Rhodos	■	■	
Rom	■	■	■
Rügen, Hiddensee, Stralsund	■	■	
Salzburg	■	■	■
St. Petersburg	■	■	
Sardinien	■	■	
Schleswig-Holstein	■	■	
Schottland	■	■	
Schwarzwald	■	■	
Schweden	■	■	
Schweiz	■	■	
Sizilien	■	■	
Spanien	■	■	
Südafrika	■	■	
Südengland	■	■	
Südtirol	■	■	
Sylt	■	■	
Teneriffa	■	■	
Tessin	■	■	
Thailand	■	■	
Thüringen	■	■	
Toskana	■	■	
Trentino		■	
Türkei – Südküste	■	■	
Türkei – Westküste	■	■	
Tunesien	■	■	
Umbrien	■	■	
Ungarn	■	■	
USA – Südstaaten	■		
USA – Südwest	■	■	
Usedom	■	■	
Venedig	■	■	■
Venetien & Friaul	■	■	
Wien	■	■	■
Zypern	■	■	

■ **ADAC Reiseführer**
je Band 144 bzw. 192 Seiten

■ **ADAC Reiseführer plus**
(mit Extraplan)
je Band 144 bzw. 192 Seiten

■ **ADAC Reiseführer Audio**
(mit Extraplan und Audio-CD)
je Band 144 oder 192 Seiten

Mehr erleben, besser reisen ... mit ADAC Reiseführern

Register

Impressum

Redaktionsleitung und Aktualisierung:
Dr. Dagmar Walden
Lektorat, Bildredaktion: Elisabeth Schnurrer
Karten: Computerkartographie Carrle
Layout: Martina Baur
Herstellung: Ralph Melzer
Druck, Bindung: Rasch Druckerei und Verlag

Printed in Germany

Ansprechpartner für den Anzeigenverkauf:
Kommunalverlag GmbH & Co KG,
MediaCenterMünchen, Tel. 089/92 80 96-44

ISBN 978-3-89905-788-1

Neu bearbeitete Auflage 2012
© ADAC Verlag GmbH, München

Bildnachweis

Umschlag-Vorderseite: Blick über die Praia de Marinha bei Faro. Foto: Huber (Gräfenhain)

Titelseite
Oben: Das Cabo de São Vicente im Südwesten Portugals (Wh. von S. 109)
Mitte: Wiesen in den Hügeln nördlich von Salir (Wh. von S. 36)
Unten: Die Felsen der Ponte da Piedade sind ein beliebtes Wanderziel (Wh. von S. 100/101 oben)

AKG: 12, 13, 14, 15, 108, 118 – Gabriel Calvo Lopez-Guerrero und Sabine Tzschaschel: 30, 37, 63, 74, 83 unten, 90, 97 oben – Horst & Tina Herzig: 7 oben, 27, 38 unten, 94, 106, 107, 119, 120 – Huber: 7 unten, 16/17, 68 (Giovanni), 11 oben (G. Simeone), 34 oben (Gräfenhain), 77, 81 oben – IFA-Bilderteam: 92 (Thiele) – Gerold Jung: 26, 29, 116, 117 – Laif: 8 oben, 9 unten, 44, 105 rechts, 133 (Rolf Osang), 25, 49 unten, 50, 56 (Zanetti), 76, 89 unten, 91, 97 unten, 124 rechts unten (Gartung), 100 (Andreas Huber) – Look: 8 unten (Karl-Heinz Raach), 75 oben (Jürgen Richter), 79 oben, 80 (Roelbing/Polex) – Mauritius: 26, 57, 60 (Michael Howard) – Hubert Stadler: 79 unten – Martin Thomas: 6, 9 oben, 10 unten, 11 unten, 23, 34 unten, 38 oben, 39, 40 (2), 43 (2), 48, 51, 62 (2), 70, 78, 82, 85 oben, 89 oben, 95 (2), 101, 110, 121, 124 links unten, 124 rechts oben und rechts Mitte, 128, 129, 130, 131 – Ernst Wrba: 5 (2), 8 Mitte, 10 oben, 19, 21, 22, 28, 31, 32, 33, 36, 47, 49 oben, 53 (2), 54 (2), 58, 59, 60, 61, 65, 67 (2), 71, 72, 73 (2), 75 unten, 81 (2), 83 oben, 85 unten, 86, 87, 93, 98, 102 (2), 104, 105 links, 109, 113, 114, 115, 118, 122, 123, 124 links oben und links Mitte